游戏不失控

终结亲子对抗，重塑屏幕习惯

[美]阿洛克·卡诺吉亚　著　　美同　译

中信出版集团 | 北京

图书在版编目（CIP）数据

游戏不失控：终结亲子对抗，重塑屏幕习惯/（美）阿洛克·卡诺吉亚著；美同译. -- 北京：中信出版社，2024.11. -- ISBN 978-7-5217-6927-2

Ⅰ.G78

中国国家版本馆CIP数据核字第2024DE0995号

HOW TO RAISE A HEALTHY GAMER
Copyright © 2024 by Alok Kanojia
Published in the United States by Rodale Books, an imprint of Random House, a division of Penguin Random House LLC, New York.
Simplified Chinese edition arranged by HG Media, LLC through United Talent Agency, LLC and The Grayhawk Agency Ltd.
Simplified Chinese translation copyright © 2024 by CITIC Press Corporation
ALL RIGHTS RESERVED

本书仅限中国大陆地区发行销售

游戏不失控：终结亲子对抗，重塑屏幕习惯

著　　者：[美]阿洛克·卡诺吉亚
译　　者：美同
出版发行：中信出版集团股份有限公司
　　　　　（北京市朝阳区东三环北路27号嘉铭中心　邮编　100020）
承　印　者：嘉业印刷（天津）有限公司

开　　本：880mm×1230mm　1/32　　印　张：8.125　　字　数：170千字
版　　次：2024年11月第1版　　　　　印　次：2024年11月第1次印刷
京权图字：01-2024-4772
书　　号：ISBN 978-7-5217-6927-2
定　　价：59.00元

版权所有·侵权必究
如有印刷、装订问题，本公司负责调换。
服务热线：400-600-8099
投稿邮箱：author@citicpub.com

致我的爱妻克鲁蒂，
没有她
就不会有这本书，
以及我现在的事业和生活

目 录

前 言　I

第一篇　理解 / 理解电子游戏和你家的游戏迷　001

第 1 章　电子游戏为何容易上瘾？
电子游戏背后的神经化学机制　003

游戏成瘾背后的神经科学　005
奖励回路　005
杏仁核　008
额叶　011
海马　012

第 2 章　孩子为何如此痴迷电子游戏？
电子游戏背后的心理机制　015

孩子的核心需求　017
挑战和成就　018
身份认同和能够自由表达这一认同的安全空间　020
社群与归属感　023
互联网的弊端——匿名性　026

第3章 为何父母们对游戏成瘾如此头疼？
数字时代如何养娃　031

把责任和失败还给孩子　032
调整好你的情绪　035
心怀恐惧养育孩子的危害　036
心怀愤怒养育孩子的危害　037
心怀内疚养育孩子的危害　037
如何避免掉入负面情绪的陷阱　039
首先关爱自己　041

第二篇　对话 / 如何与你家的游戏迷交谈　043

第4章 评估
孩子处在哪个认知阶段　045

"不自知"阶段　045
看年龄不如看阶段　047
改变的五阶段模型　048
前意向阶段　050
意向阶段　051
准备阶段　053
各就各位！预备！出发！　057

第5章 联手
如何与孩子站在一起　058

改变互动方式　059
消除恐惧　061
找到新的共同语言　065

第6章 沟通的基本原则
如何走近孩子　067

有效沟通的四个沟通技巧　067
沟通技巧1：开放式提问　068
沟通技巧2：回声式反馈　073
沟通技巧3：说出困惑　077
沟通技巧4：从元视角看问题　080
让谈话进一步深入　083
给孩子更好的选择　084
现在你可以表达你的看法了　089
把问题丢给孩子　092

第7章 为设立游戏规则做准备
让孩子的生活井然有序　097

让生活井然有序　098
先让自己的生活井井有条　099
针对游戏机会建立秩序　101
针对游戏内容建立秩序　102
针对游戏时间建立秩序　103
大自然来帮忙　104

第三篇　行动／把所知落到实处　109

第 8 章　一份有效方案的关键要素　112

小处着手　113
游戏规则要匹配你的日程安排　114
明确调整点　117
确定评估参照　117
设置目标节点　119
　目标节点1：每周例行检查　120
　目标节点2：奖励　122
　目标节点3：惩罚　124
开始制订你理想中的调整方案　126
撰写草案　128

第 9 章　让孩子参与决策　132

提供选项　135
设立规则并做好调整的准备　136
设立规则的整体法和细节法，哪种更适合你？　139
别忘了给孩子自主权！　141
应对突发情形　142
再谈调整你的情绪　143
再谈孩子的情绪管理　146

第10章　实施调整方案，应对孩子的抗拒　151

抗拒从何而来？　151
如何融化抗拒的坚冰　154
遭遇抗拒不等于失败　157
探究抗拒，达成理解　160
如何在孩子抗拒时执行规则　164
执行规则的常见误区　167
坚持有效的做法　167
保持坚定：专注于软性约束，而非硬性限制　168
不可当即设立规则并执行　168
爱无错，也必要，但要防止它影响你的判断力　169
担心和害怕会促使你设立严苛的规则　169
与伴侣保持一致　170
其他养育者有异议怎么办？　172
如何与孩子的（外）祖父母等亲友沟通　173
如何与孩子朋友的父母沟通　175
谈谈你自己的问题　176
执行规则的时机　176
避免走极端　178
记得照顾好自己　180

第四篇　常见难题　183

第11章　正视精神健康问题，积极评估　185

接受评估的众多益处　186
一处可以吐露心声的安全空间　189
要多严重才算严重？　190

第12章　难题1：电子游戏与注意缺陷多动障碍　　192

什么是注意缺陷多动障碍？　192
注意力　193
冲动控制　194
情绪调节　195
现实是困难的　195
为注意缺陷多动障碍患者"量身打造"的电子游戏　197
在自己家里做出努力　199

第13章　难题2：电子游戏与孤独症谱系障碍　　203

电子游戏对孤独症患者的危害　204
接下来做什么？　206
请寻求帮助！　207

第14章　难题3：电子游戏与抑郁症或焦虑症　　209

快感缺失　210
负面的自我态度　211
电子游戏与抑郁症　212
你发现了吗？　212
沟通，而非急于改变现状　214
电子游戏与焦虑症　217
蔓生的焦虑　219
与孩子谈谈焦虑的话题　221

附录一：游戏行为调整的不同阶段及注意事项　　223

附录二："健康玩家"疗法周计划表　　227

参考文献　230

致　谢　235

前言

你很了解你家孩子,是不是?他来到你生活中已经有些年头了。你生养了他,你心疼地亲吻他磕青了的膝盖,每晚给他掖被子,鼓励他吃西蓝花。后来,你教他乘法口诀,给他示范你的招牌勾手投篮,鼓励他吃完早餐收拾餐具。春风秋雨,寒来暑往,你对他的爱始终如一。

然而,就是这个被你深深爱着的孩子,只要迷上电子游戏,就判若两人。转眼间,他已不再是那个欢快活泼、乖巧听话、鬼灵精怪、常常逗你笑得前仰后合的小可爱了。他变得喜怒无常、一点就着,稍有不满就会像他6岁以前那样大哭大闹。电子游戏一旦玩多了,他或许就离魔鬼不远了。

不用说,随着你对孩子玩游戏的态度越来越严厉,你家的气氛也越来越紧张。孩子的面目日益陌生,你的担忧也日渐加重。就算孩子的问题并不严重,离上瘾还差得远,你也难免会恼火。因为孩子游戏玩多了,原本简单的事,例如喊他吃饭,也会变复杂。你觉得你的要求很正常,因为你过去一直这么做,例如喊他去遛狗,他听到后却对你大喊大叫,好像哪里惹到他了。孩子暴跳如雷,你心里恼火,同时也感到莫名其妙。

野火燎原

仿佛一夜之间，电子游戏的野火就燃遍了我们的整个生活，成瘾、注意力涣散等问题也如雨后春笋般大量涌现。好似入侵物种被引入新的环境，很快泛滥成灾，势不可当。

不幸的是，面对游戏的侵袭，我们缺乏有效的防御手段和应对策略。一众科技公司更是挖空心思，故意制造越来越多的让人上瘾的产品，让我们和社会整个沦陷。这些科技公司的游戏产品遍地开花，而且一代比一代精美、强大，让人**欲罢不能**。而我们的社会却应对不力。

这是因为，能够对抗这一趋势的所有主体——例如学术界——在反应上都存在滞后性。相关的研究，例如信息技术对大脑的影响或屏幕成瘾的危害，需要 3 ～ 5 年才能完成。而这类研究还需累积到足够的数量，再经独立的第三方验证，才能由权威机构形成正式的建议。

建议形成后，后续实施还需至少 1 ～ 2 年。等相关知识好不容易排进教育机构的课表，受训者还需花费 4 ～ 10 年来学习。所有这些步骤全部完成之后，相关知识才得以普惠大众。

然而与此同时，游戏或科技巨头却拥有反应迅速和善于创新的先天优势。《堡垒之夜》(*Fortnite*) 是极受青少年喜爱的一款游戏，注册用户逾 4 亿，每两周更新一次，每 2 ～ 3 个月推出一整套全新内容供玩家探索。这样的速度，我们如何跟得上？

在读这本书的你，很可能也感受到了其中隐含的巨大风险！也许你觉得你家孩子玩电子游戏太多，或者你已经与孩子因为玩游戏的事产生了冲突，又或者你家孩子只是刚跟你提出想玩游戏，而你怕他就此一发不可收。无论哪种情形，这本书都能帮到你。

反面教材

我过去也玩电子游戏，跟你家孩子一样。我其实是个不折不扣的游戏迷，从初中一路玩到高中。上大学后，我的恶习进一步恶化，到了触碰红线的程度。我父母可以做证，我差点因为沉迷游戏而被学校开除学籍。

我一点也没有夸张。大学第一年，我凭借不到 2.0 的平均学分绩点涉险过关。第二年，情况也没有好太多。一天，我夜里玩到很晚，结果第二天睡过头，错过了西班牙语的期末考试。这一情形过于尴尬，我甚至没有向教授解释原因。显然，我的游戏瘾已经相当严重。

我父母为此殚精竭虑，从约束惩罚，到放手支持，再到无条件关爱，都毫无效果。于是大学刚读两年，我就被勒令退学。那时，我们几乎已经无路可走。我父母决定给我换个环境，送我到他们的故乡印度。虽然我同意了，但我心里其实毫无准备，可我还有别的选择吗？就这样，我乘机去往印度。

这是我一生的转折点。没有了电子设备，我竟然可以控制自己的念头。多年来，我一直想战胜自己的欲望和想法，可我的念头却总是在游戏上打转——我看的是游戏，说的是游戏，躺在床上琢磨的还是游戏。我人在去教室路上，可心里却想着游戏；我嘴巴在吃饭，可两眼却盯着游戏视频。可是，我竟然能控制自己的想法，而非一直被游戏所控制！这一觉知改变了一切。

于是，我重返校园，继续学习，毕业时得到了 2.5 的平均学分绩点。这意味着，我只是个中等偏下的学生。这一成绩将伴随我一生，再也无法改变。然而，这一点也激发了我内心的斗志，让我在印度生活时点燃的小火苗燃成了熊熊大火。退学后不到 8 年，我开始在哈佛大学医学院任教。

控制你的想法

你不必送孩子去印度，重要的是理解为何我在那里的心态发生的转变能让我洗心革面，这对你或许会很有帮助。根据古代瑜伽经典的说法，我们脑中的念头有两大来源，一是感觉器官（感官），二是感官的记忆。

例如在篮球赛季中，如果你身边的人都在聊昨晚的篮球比赛，或者你正在观看比赛回放，那么关于这个话题的感官输入就会不断占据你的大脑，进而让你更有可能与别人聊起篮球话题。

环境对人的影响有利有弊。例如，经常听到某种语言的孩子也会使用这种语言，而总被训斥没用的孩子也会信以为真。两者虽然都是学习，但后者显然谈不上健康或有益。

此刻，你面临的难题是，游戏开发商正在借助游戏本身，以及游戏论坛、游戏直播和永远刷不完的游戏短视频来**侵占孩子的大脑**。所以，孩子满脑子都是游戏一点儿也不奇怪，他根本无力抵抗。

注意你家孩子手里的游戏，留心游戏运行时的画面、音效和色彩。孩子每过一关，他都会得到金灿灿的奖杯，听到庆祝音效，那种感官上的愉悦和满足极为强烈。可是这个时候，游戏也会趁机进一步侵入你家孩子的大脑。所以，你真正需要解决的是他脑袋里那些数不清的关于游戏的念头，而不是去跟孩子吵。你得跟孩子联手，一起夺回被侵占的大脑。

这是一项无比艰巨的任务，所以我们要从长计议。在约束孩子玩游戏之外，我们也要留意孩子的感官输入。你越是能切断或减少孩子在游戏上的大量感官输入，例如各种直播节目和短视频，你就越有可能取得进展。孩子接收的此类感官输入越少，他就越有可能找回健康的自己。

我的疗法之所以效果好，奥秘就在于首先联合孩子，然后小步推进，这样才能把丢掉的领地一步步夺回来。随着失地逐渐收复，孩子也会更愿意与你交流，回归健康的生活方式。

我治疗过成千上万的成瘾者，他们常说，整个过程好似从多年沉迷游戏的恍惚中苏醒过来。他们说，在那些沉沦年月，他们的脑子是不清醒的。我当然完全理解他们的意思，因为我也有同样的感受。直到许久之后，我学会了控制自己的念头，用游戏之外的东西来填充我的脑袋，我才终于醒了过来。

尽管恍惚了很久，我到底还是醒了。大学毕业后，我立下了成为一名精神科医生的志向。在异国他乡辛苦打拼的父母闻此又惊又喜。虽然我三度申请医学院才获得入学资格（我的大学成绩拖了后腿），我最终还是来到了波士顿，在麻省总医院和麦克林医院受训和工作。它们都是哈佛大学医学院的教学附属医院。

在医学院求学和担任住院医师期间，我极其幸运地遇到了许多学识渊博、造诣深厚的老师。他们不仅传授给我许多关于精神病学的知识，也深化了我对人性的理解。此外，他们还帮我看清了我能以何种方式帮助他人。不用说，因为多年在游戏中沉迷挣扎，我对帮助他人解决游戏成瘾问题充满了兴趣。

然而，在精神科做住院医师期间，我却发现，精神病学领域那些最聪明的头脑、业内的知名专家，都无法在曾经困扰我多年的游戏成瘾问题上给我启发。最大的原因是，成瘾专家、儿童精神科医生、抑郁症专家和认知行为疗法专家都缺少应对这一问题的数据或经验。我四处讨教后，对这一现象的成因看得越来越清楚。精神医学领域那些备受尊敬的资深专家都已五六十岁，甚至七十多岁，这意味着什么？意味着他们大多甚至都没玩过任何一款今天的电子游戏。我们小时候玩过的那些任天堂游戏并不会通过频繁更新来诱使我们沉迷。《乓》（*Pong*，诞生于1972年的一款乒乓游戏）虽然很好玩，但只要玩上一会儿，眼睛就会受不了！

很明显，如果你从未玩过今天的那些电子游戏，那么你肯定不会了解身处其中的感受，也不会知道它们为何如此令人着迷，以及你为何总是难以关掉手里的游戏，哪怕你已经知道，再玩下去只会让你的生活出问题。

所以，对于游戏成瘾这一普遍存在的问题，我不再指望我的老师们能教给我什么，转而开始接触游戏玩家。我利用新技术，直接在游戏玩家的自然聚集地展开访谈，例如聊天室、直播室，甚至一边陪玩家玩，一边通过耳麦与对方交流。总之，只要对方愿意，我就可以展开实地访谈。我访谈的孩子来自世界各地，例如中东、韩国、加拿大、美国。他们当中既有乡下的孩子，也有城市的孩子。为了进一步理解他们，我询问了关于他们生活经历的各种问题，特别是他们一开始玩电子游戏的具体原因。我发现，他们面临的很多问题也曾深深困扰着我，例如学习压力大、晚上睡不着、与父母关系紧张，以及放不下手里的游戏手柄。不过今天，孩子们面临的问题似乎更加严重，因为技术一直在飞速进步，许多孩子沉迷游戏的程度甚至超过 21 世纪初的我。

不少孩子告诉我，在父母的催促下，他们最终妥协，去看精神科医生或心理治疗师。他们常常会得到一纸诊断，例如某种心境障碍或焦虑障碍，并开始接受药物治疗。然后，他们回到家，吃过药，仍旧继续玩他们的电子游戏。大多数时候，我理解其中的原因。他们或许确实患上了焦虑症或抑郁症，但他们对电子游戏的沉迷却没有得到干预。其实，他们已经游戏成瘾了。

我也曾像他们那样，整夜玩游戏，白天因睡觉错过考试，遇事能拖就拖。这些情况我太了解了！而这里也正是我能发挥所长的领域。我找到了我的人生目标。

2018 年，我在红迪网（Reddit，一家社交新闻网站）发帖，表明我是精神科医生，擅长治疗游戏成瘾，有相关问题可以联系我。这篇帖子登上了网站首页，成千上万的提问和评论随即如潮水般涌了进来，我才发现原来有那么多人需要帮助。

随后，我开通了直播频道讨论游戏成瘾问题，吸引了很多人参与，也开始收到数不清的约诊电话，可我一人完全无法应付。在多方协助下，我做了许多筹备工作，不久后创立了"健康玩家"（Healthy Gamer）品牌。我设计了一套培训课，培训了几位治疗师，也增加了直播管理员。

今天，我正在与一批优秀的治疗师一起，帮助数字技术大幅发展背景下的个人与组织解决逐渐显露的精神与心理问题。我们提供便利的、多种形式的、能够满足不同人群需求且价格合理的精神心理服务，致力于让成长于数字世界的新一代拥有健康快乐的平衡生活。

如何使用这本书

我的"健康玩家"疗法旨在培养孩子的独立性。我鼓励的是自我控制，而非外部限制。过去几年，我和我的团队帮助数百万喜欢玩游戏的孩子提升了自控力。通过学习我在这本书里介绍的方法，数不清的父母也明白了如何才能让孩子变得更加自信与独立。借助"健康玩家"疗法，父母们不仅能教会孩子如何自控，还能鼓励孩子从一开始就养成健康的游戏习惯。

健康玩家玩游戏是为了娱乐，而非逃避现实生活中的困难。健康玩家在真实生活中会结交更多的朋友，而非更少。一旦拿电子游戏来代替面对面的社交，或者拿它来弥补自信心的不足，孩子就会沦为病态的游戏迷。

我写这本书，是为了把我沉迷游戏的亲身经历，和我多年来通过"健康玩家"疗法帮助游戏玩家及其家人的丰富经验，以及我身为精神科医生的专业背景拧成一股绳，以此来帮你和你家孩子过上健康的生活。最重要的是，我也是两个爱玩游戏的可爱女孩的父亲，真实地体验了在一个科技全面侵入生活的世界养育孩子的生活，书中的许多内容都源自我的这一体验。

　　面对孩子的游戏成瘾问题，我的做法是教给你一套适用于这个数字时代的育儿新法则。虽然我整理了一份实践"健康玩家"疗法的时间表（稍后你会看到），但各家情况不同，所以你不能期望一段时间过后问题就一定能解决。你只能按照自己的节奏往前走，同时也要明白，你将要跟孩子进行的谈话也绝不会"谈一次就结束"。我要做的是帮你优化你与孩子的互动方式，这种改变是永久的。

　　我的"健康玩家"疗法将通过三个步骤来帮你调整孩子玩游戏的行为。第一步是自我教育。你是帮孩子抵御游戏成瘾的第一道防线，也是深深爱着孩子、愿意为他捧起这本书的人。我能理解，你很可能急于纠正孩子的行为。但要做到这一点，你就必须搞清楚孩子为什么会迷上电子游戏。这也是本书第一篇的主旨。这一篇分三章，旨在帮你理解电子游戏如何影响孩子的心理和神经生化反应，同时也提供了许多建议来帮你调整心态，以便你能更好地解决孩子的问题。

　　这本书的第二篇谈的是"健康玩家"疗法的第二个重要步骤：对话，你希望你们能一起采取的各项措施。这一篇有四章内容。第4章讲的是评估孩子处在哪个认知阶段。第5章讲的是如何与孩子站在一起的具体步骤。与孩子联手是这一疗法的核心环节，尤其在困难阶段，少了它你将寸步难行。要做到这一点，我们就得磨炼沟通技能，以此来帮你从情感上走近孩子，与孩子联手，而非对立，这是第6章的内容。接下来，当你成功与孩子联手后，我还将帮你设立游戏规则来让孩子的生活井然有序，其中包括应对孩子抗拒的具体策略。

第三篇讲的是何时**行动**，以及从哪里着手。这一篇的三章内容谈的是什么是好的游戏规则、如何设立规则，以及如何借助鼓励正面行为的多种策略来执行规则。在此之后，你和孩子将**共同**努力，让他过上更加健康、快乐的生活。

由于游戏成瘾常常与其他精神健康问题并存，所以这本书的第四篇会进行一些有针对性的介绍，例如游戏成瘾伴随注意缺陷多动障碍、孤独症谱系障碍、抑郁障碍或焦虑障碍。这一篇还会就如何缓解这些问题提出具体建议。

整个过程会持续多久？

在大多数情况下，我的疗法效果非常好，但要见到效果仍旧需要一些时间。你会看到，我为你提供了一个分步骤实施的宽松时间框架。简单计算便知，从你尝试与孩子改善关系开始，到你与孩子联手制订调整方案，这个过程需要 2～3 个月。虽然我在附录二里逐周列出了这一阶段的建议事项，但实施起来仍旧需要视情况调整。

有时，父母需要花费更多时间与孩子建立信任，或去面对孩子的抗拒和退却。有时，父母不得不去调整已经达成一致的游戏规则，因为计划赶不上变化！更多时候，父母还会被自己的事情牵扯精力，拖慢进程。根据我的经验，这种小步推进、持续改善的做法一般能够在 6～12 个月里帮孩子摆脱游戏成瘾问题。

总之，我希望你能耐心面对，把眼光放长远些。真正的改变需要的不是急躁冒进，而是悉心培育。西方社会只关心短期结果。我们会夷平山丘，大兴土木，急功近利地追求各种结果，例如关键绩效指标、股市收盘价和年销售额。

然而在东方思维里，培育却是主旋律。我的过往经历中写满了失败，但它们也培育了今天的我。你可以把养育看作对孩子的培育，即把孩子置于有益成长的环境中，然后退后一步，看着他茁壮成长。

要让孩子变得独立，你就不能包办一切。你得允许孩子成长。孩子很像你家后院里的花草，无法在一夜之间长大。有时，孩子还会稍稍偏离你的预想，朝向别处生长。

> 根据我的经验，
> 这种小步推进、持续改善的做法
> 一般能够在 6 ~ 12 个月里帮孩子
> 摆脱游戏成瘾问题。

我知道，对父母们来说，要花这么久确实很吓人。但你可以放心的是，不论你在这段充满挑战、备受煎熬的旅程中遇到了什么困难，**你都搞得定**。我向你保证，所有孩子的游戏瘾都是可以得到改善的。我见证过成千上万的电子游戏迷走出泥潭，包括不少已经成年的年轻人。他们大多只是需要一点点帮助。我就是来做这件事的，你也是。只要我们联手，就一定搞得定。

第一篇

理 解

理解电子游戏和你家的游戏迷

我将在这篇内容里介绍电子游戏背后的核心奖励机制，以及孩子为何会被电子游戏所吸引，以便帮你理解这些游戏为何能让孩子成瘾。我们将讨论一系列涉及成瘾、奖励和行为强化的神经科学概念。神经科学是心理学的根基，只要理解了大脑的主要神经回路，我们就能知道自己的想法和感受从何而来。我们将讨论电子游戏满足的五大心理需求：挑战、成就、认同、安全和归属。

　　了解了电子游戏正在满足孩子的哪些重要需求，我们就能为孩子提供更加健康的替代选择了。一旦这些需求能够通过其他方式得到满足，孩子对游戏的痴迷就会不攻自破。

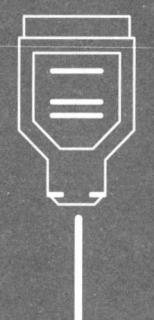

第1章

电子游戏为何容易上瘾？
电子游戏背后的神经化学机制

与此时的你一样，许多父母都在担心孩子误入歧途。他们问我的第一个问题往往是：我家孩子是不是游戏成瘾了？我的意思是，他们知道孩子出问题了。他们往往已经发现孩子不对劲，并为此忧心不已。可他们还是问：我家孩子的情况属于成瘾吗？

这个问题争议很大。2018年，世界卫生组织已正式将"游戏成瘾"确认为一种疾病。但也有人认为，游戏成瘾在机制上明显不同于酒精或阿片类等成瘾，因而不能叫"成瘾"。两派观点吵成一片。不过坦率地讲，在我看来，精神科医生是否认可这一诊断术语并不重要，那些所谓的专家大可以在网上论战或撰文论辩。真正重要的是你和你家孩子本身。

> 精神科医生是否认可这一
> 诊断术语并不重要，

> 那些所谓的专家大可以
> 在网上论战或发撰文论辩。
> 真正重要的是
> 你和你家孩子本身。

如果孩子玩游戏的行为影响了亲子关系，给孩子的未来蒙上了阴影，那么它很可能就是个问题，不是吗？至于是否属于成瘾，这并不重要。重要的是改变现状，让孩子与数字技术形成更加健康的良性关系，而不管他的问题有没有跨过"成瘾"的门槛。

而且，令父母担心的不是只有儿童和青少年，还有已经成年的孩子，例如已经23岁却还借住在父母家的年轻人。他的人生道路走偏了吗？他在学习或工作中遇到困难了吗？甚至，他有没有在上学或工作？他有没有情绪不稳，有没有爱发脾气，或者只是对父母不够尊重？

从学术角度看，包括各类成瘾在内的所有精神疾病都有一个共同点，即妨碍了正常生活。不论对什么成瘾，患者都会"功能受损"。而过去几年，我见到的许多孩子和年轻人确实存在这一情形。

总之，如果你认为孩子玩游戏太多是问题，那么它就是问题，无须专家界定。你是父母，孩子的情况你最了解。

● 游戏成瘾背后的神经科学

要想帮助你家孩子，你就得对他沉迷游戏的原因有所了解，这非常重要。我想帮你理解，游戏到底满足了他的哪些关键心理需求。这些需求是人生来就有的，也是完全正常的。我们先来了解，促使你家孩子迷上电子游戏的是哪些神经回路。

●● 奖励回路

在读到或听到别人谈论成瘾话题时，你常会碰到一个词——多巴胺。多巴胺是一种神经递质，即神经元相互传递信息所使用的化学信号。这是我们大脑的沟通方式。

多巴胺碰巧是一种非常重要的神经递质，不过它的具体作用取决于神经元所在的部位。例如，黑质是中脑里的一个小团块，在这里，多巴胺的作用是帮助我们的肌肉协调运动。如果黑质里制造多巴胺的神经元受到损伤，人的运动就会出问题，帕金森症患者就是这样（所以我们会用多巴胺来治疗帕金森症）。

不过，多巴胺最著名的还是它在奖励和行为强化中的作用，因为它是大脑伏隔核中奖励回路的主要神经递质。成就、成功、胜利和快乐这些感受，均借助多巴胺在伏隔核中的释放来实现。

多巴胺也参与塑造行为，因为每当伏隔核中释放多巴胺时，我们都会"感觉良好"，于是便会重复相应的行为。

例如，在人类进化史上，高热量食物往往意味着更大的生存概率，所以喜欢这种食物的人就更有可能活下来。久而久之，人类就喜欢上了这种食物。所以，我们所认为的"愉悦"只是大脑在命令我们："继续这样做，因为对我们有好处。"再次吃到这种食物时，大脑又会再次释放多巴胺，既带给我们愉悦，也让这一行为得到强化。如果吃高热量食物意味着愉悦或享受，我们就会想要再次吃到它，形成期待。所以，愉悦、强化和期待这几大机制都由多巴胺控制，它们都是为了我们的生存进化而来的。

问题是，在现代社会，掌控这几大机制的化学信号却可能被电子游戏劫持。游戏开发商已经熟谙如何控制我们的多巴胺开关。他们为我们提供各种愉悦、强化和期待，却唯独不能增加我们的生存概率。

多巴胺并不是我们的敌人，完全不是。即使在今天，多巴胺也依然在我们的学习和成长中发挥着重要作用。以学习弹奏一段乐曲为例，初次尝试时，你可能会感到有些困难，不断犯错。但是，只要坚持练下去，你终究是可以掌握的。这种从失败到成功的转变所带来的满足感也是通过多巴胺的释放来实现的。事实上，任务难度越大，挑战越艰巨，成功后大脑释放的多巴胺就越多。所以，失败多次后取得的成功尤其令人心醉，而这种追求成功的行为也会得到强化。

游戏开发商特别擅长借助各种手段来最大程度地增加多巴胺的释放。他们知道，如果游戏太简单，玩家会感到无聊而离开；

而如果游戏太难，玩家也会放弃，因为多巴胺能带来的快乐已经抵不上当下要付出的努力。所以，游戏开发商会极其精细地调整游戏的难度，让多巴胺尽可能多地释放。如此一来，玩家的游戏行为得到强化，他们对游戏的期待也获得了最大程度的提升。

近期研究发现，电子游戏容易让人成瘾不仅是因为它提供奖励，还因为它在很长时间里故意不让人获得奖励。这就像学习弹奏乐曲一样，我们实际上乐意反复尝试和失败，因为最终取得成功的感觉会非常美妙。

可问题是，我们的大脑天然倾向于维持内稳态或平衡态，因此会逐渐对特定事物产生耐受。第一块饼干最好吃，第二块也不错，但连吃三四块后，你可能就尝不出味道，更别提享受了。

电子游戏亦然。随着游戏时间增加，人脑的多巴胺回路会逐渐产生生理耐受。**耐受**是大脑的平衡机制，以便让刺激保持在正常或健康范围。如果某个刺激超出了这一范围，大脑就会调整自己的敏感度来适应。就像用耳机听音乐，如果音乐太吵，你就会调低音量，好让自己听得更舒服。

由于电子游戏劫持了我们的多巴胺信号，让它变得非常强烈，于是我们脑中的**多巴胺受体**就会调低多巴胺信号的"音量"，即减少神经元中多巴胺受体的数量。这样一来，即使脑中释放了**海量的**多巴胺，我们所体验到的愉悦感也不会过于强烈。

现在的问题是，假如我们停止玩游戏，转而去阅读一本书，那么我们收到的多巴胺信号就会回落到正常水平。可由于神经元中的多巴胺受体已经减少，我们所感受到的"音量"就会变得太小，这样我们就无法从阅读中获得愉悦感。也就是说，如果我们玩游戏太多，我们的大脑在生理层面就更难把阅读视作享受。

即便抛开阅读，只谈电子游戏，你或许也在你家孩子身上见到过这种耐受现象。他第一个小时玩得很高兴，可连玩 4 小时后就没有多少愉悦感了。他成了一个木头人，没有笑容，一言不发。而且，你要让他去做点别的事情，他都会提不起兴趣，拼命抗拒，是不是？这是因为，他已经对多巴胺形成了耐受。也就是说，如果他总是没完没了地玩游戏，你就得花上好些时间才能让他喜欢上别的活动。

●● 杏仁核

既然游戏已经不好玩了，孩子为何还要反复玩，没完没了地玩呢？游戏容易让人成瘾不只是因为它能让人感觉良好，还因为它能带走负面的感觉。所有致瘾物质都有这两大特性，既给人快乐，又减少痛苦。

下面，我们来讨论杏仁核。杏仁核是大脑的情绪中心——边缘系统的重要组成部分。杏仁核掌管各种关乎生存的情绪，即恐惧和焦虑等由危险激发的情绪。没有它们，我们就无法预知和应对危险。

过去，人类生活在野外，只有见到老虎或蛇，这些关乎生存的情绪才会被短暂激发。然而在现代社会，这些情绪却显示出了长期存在的倾向。成年人担忧还贷、晋升和退休后的安排，而孩子们则担忧学习、霸凌和社交媒体形象。

过去，当危险消失时——比如我们成功逃离了老虎或蛇——恐惧感也会随之消失。然而，我们当下面临的问题却无法迅速解决。以还贷为例，即使你这个月还了款，下个月也还是要继续还。孩子们也不得不终日担心考试和霸凌等问题。

神经科学领域的研究表明，电子游戏能抑制大脑的情绪回路。进一步说，电子游戏能抑制或关闭杏仁核，让我们从日常压力中暂时解脱。公平地说，其他休闲活动也有这种作用。忙碌一整天后，晚上泡个澡，或者看电视放松一下，同样有助于缓解负面情绪。

然而，所有抑制负面情绪的活动都可以让我们上瘾。毕竟，在我们心情不好、压力大、愧疚或害怕时，如果我们能通过某种活动暂时从中解脱，我们就会容易对其上瘾。即求一时乐，余者皆可抛。

电子游戏正是如此。能够显示大脑活动水平的功能性磁共振成像（fMRI）研究表明，在经历恐惧、愤怒、挫败、悲伤等负面情绪时，如果我们开始玩游戏，我们的杏仁核就会逐渐平静下来，使负面情绪得到抑制。因此，玩游戏是非常"有效"的应对机制。

在大学玩游戏玩得最凶的那段时间里，我对此深有体会。我完全知道，每逃掉一堂西班牙语课，我都会落后更多。我也明白，就算我去上课，我的成绩也依然会很差。而且，我的西班牙语正变得越来越差。我无法解决这个问题，我知道这一点，而且一想到这件事，我心里就发慌。唯一的出路是什么？通过玩游戏赶走痛苦。

那时，我一般凌晨四五点睡觉，因为一旦上床早了，那些与我如影随形的恐惧和担忧（"这样下去就完了"）就会悉数涌进我的脑袋，让我无法入睡。我会玩游戏玩到筋疲力尽，脑袋一碰枕头就睡着。我多么想逃离这些负面想法！然后，我会再一次睡过头，错过上课。已经下课了？好吧，那就继续玩游戏吧。就这样，要逃避负面情绪，就玩更多游戏，结果落后更多，如此恶性循环。

你家孩子或许知道玩太多游戏不好，可他也知道，一旦关掉游戏，他就会有太多时间去想他刚刚考砸的科学考试，去想你发现他其实一整周都没去上空手道课后会有多失望。他持续玩游戏，是因为这样就不必操心那些烦心事了。

更糟的是，一旦孩子开始借助游戏来调节情绪，那么他不玩游戏时处理负面情绪的能力就会下降。这便是你家孩子可能爱发脾气或容易情绪低落的原因。或许，你还会发现孩子有其他看似与负面情绪无关的怪异表现，例如孤僻、退缩、讽刺挖苦和消极反叛。

总之，如果你家孩子已经沉迷游戏，那就不只是多巴胺分泌增多的事了，而是他已经对电子游戏的情绪调节作用形成了依赖。玩游戏对杏仁核抑制得越厉害，这种行为就越是对负面情绪的逃避。

●● 额叶

现在，我们来讨论第三条重要的神经回路：额叶，它能在很大程度上反映人的成熟水平。15 岁的孩子比 5 岁的孩子成熟，25 岁的青年又比 15 岁的孩子成熟。但成熟具体指什么？5 岁孩子无法调节自己的情绪，他们不会提前计划，也不习惯延迟满足。青少年的责任心更强一些，能够在一定程度上接受延迟满足，通常也能去关注需要他们关注的事情。25 岁的青年则能在很大程度上控制冲动，习惯延迟满足，一般能做到每天按时起床并开始工作。

这是因为他们有发达的额叶，它能帮我们控制冲动、调节情绪。我们的额叶控制着杏仁核等边缘系统。当然，额叶有时也会开小差，这点我们都知道。我们有时会被孩子搞得很烦躁，甚至暴跳如雷。不过在其他时候，我们确实能控制好自己的情绪，表现出更多的自制，因为我们的额叶正在发挥作用。

电子游戏的问题是过于吸引人，无须刻意集中注意力。没人会在玩游戏时走神，因为游戏开发商已经在吸引我们的注意力方面下足了功夫。可这样一来，额叶的专注能力就会萎缩，游戏迷们就会失去控制脑中想法、刻意集中注意力的能力，就算想在现实生活里做点什么也会难以集中注意力。学习几乎是不可能的，因为他们的大脑已经严重依赖电子游戏这种极度吸引人的娱乐形式来保持专注。

如果你家孩子沉迷于游戏，那么他就是在靠游戏来调节情绪，即他已经停止了对额叶的锻炼。从本质上讲，玩游戏过多就是在阻碍自身成熟。脑成像研究显示，比起不玩游戏的人，游戏迷的额叶往往不够发达，即从神经科学的角度看，游戏迷往往更不成熟。

●● 海马

我们需要了解的最后一个脑区是海马。海马与杏仁核等关系十分密切，但仍旧值得我们单独关注，因为这里是形成和储存记忆的区域，因此也是我们的学习中心。电子游戏既能抑制杏仁核，也能阻碍杏仁核访问海马。所以，游戏迷很难从错误中吸取教训。

通常，如果我们做某件事的结果是痛苦的，我们就会改变做法，因为负面情绪会对行为产生巨大的影响。试想，你在同一家饭店吃过 5 次饭，你很喜欢那里，是它的忠实粉丝，可第 6 次却食物中毒了，让你苦不堪言。虽然你从前非常喜欢那家饭店，但那次中毒事件却让你不愿再去光顾它了。在帮助为伴侣不忠而苦恼的患者时，我也见过这种由负面情绪引发的厌恶。即使你已经与伴侣结婚 15 年，但伴侣只要有过一次不忠的行为，那种强烈的背叛感就可能永远改变你与对方的相处方式，甚至还会影响你与未来伴侣的相处方式。

负面情绪能激发我们的大脑去学习——错误是良师。但游戏能抑制负面情绪，让学习回路失灵。负面情绪一旦消失，我们的学习回路便会停止活动。游戏迷不会从错误中汲取教训，因为不论错误是大是小，他们都感受不到错误造成的痛苦。他们可能考试不及格，或者把事情拖到最后一刻，接着对你发誓要改变，可到了第二天，他们还是老样子。而且，他们**当时**并非不知利害，不愿悔悟，所以他们并没有说谎。虽然你们聊了很久，双方似乎也达成了共识，但结果却好似文档忘了存盘。他们并未把学到的东西存入长期记忆，只是左耳进，右耳出。

即使你家孩子知道自己需要做出哪些改变，他形成和储存记忆的脑区也被电子游戏隔离了。他的杏仁核无法访问海马，所以他什么教训也学不到。

这一恶性循环还会继续发酵。玩游戏不仅能抑制大脑中负责处理负面情绪的神经回路，干扰学习回路，还能让大脑释放多巴胺，带来愉悦感。想象一下，一个孩子因为痴迷游戏而考试不及格，可他那浸满了多巴胺的大脑却告诉他，这么做感觉很不错，于是第二天一睁眼，他还会继续玩游戏，不学习。

所以，你很难理解眼前的一切。虽然你已经磨破了嘴皮，可孩子却仍旧似懂非懂。过去的孩子能够从错误中吸取教训,但是今天,孩子的脑回路已经被数字技术干扰——他们已经被游戏开发商劫持。

而且,这些游戏开发商不只有神经化学手段。他们知道,你家孩子还有许多心理需求,所以也搞懂了如何劫持这些需求。

第 2 章
孩子为何如此痴迷电子游戏？
电子游戏背后的心理机制

尽管在人类的历史长河中，青少年的大脑并没有发生太大变化，但他们所处的世界却已经改天换地。科技是最大的影响因素。短短几十年，孩子社会化的方式已经大为不同。而且，科技也改变了孩子娱乐和建立身份认同的方式。

想想看，20 年前，如果你在学校受欺负了，摆在你面前的选择是要么想办法保护自己，例如骂回去、打回去，或者向父母、老师求助；要么隐忍和沉默，独自承受。不论你如何处理你的羞辱感，第二天上学后，你还是那个尴尬、困窘的自己——或被人指摘，或被人怜悯，或两者兼有。你无处可逃。

电子游戏为孩子们提供了全新的方式来逃避现实和改变别人对自己的看法。它给了孩子们一个世界，让身处其中的他们可以不必遭受评判、羞辱或怜悯。电子游戏是孩子们的避风港，他们能在这一幻想之地拥有真正的同伴甚至队友，后者会见证他们打败敌人，也会为他们的精彩表现喝彩。在那里，孩子们能够**掌控**他们的世界。

> 电子游戏是孩子们的避风港，他们能在这一想象的空间里拥有真正的同伴甚至队友，后者会见证他们打败敌人，也会为他们的精彩表现喝彩。在那里，孩子们能够掌控他们的世界。

例如，所有孩子都在课间踢足球，可你的球技非常差。这时想象一下，假如老师告诉你，你可以离开球场去图书馆，那么老师就为你提供了一个不会受人评判的空间。与其他地方不同，这里非常安全。对球技差的孩子来说，这里是世外桃源。

你可能在想，我接下来要说，虚拟世界就好比上面的图书馆，然而这么说远远不够。比起图书馆，虚拟世界要好上太多。在那里，你不仅不会受到评判（或者不必理会评判），还能**改变在现实生活里无法改变的规则**，让一切朝着对你有利的方向发展。这就是虚拟世界让你痴迷的原因。（如同在社交媒体上，你可以用平台提供的滤镜来改变自己的外表。这并不是说别人不会评判你的外表，而是说你可以使用有利于自己的方式来操纵别人的评判。）

我们都想获得安全感、归属感，都想自由地做自己。电子游戏允许孩子们成为他们想要成为的样子，允许他们选择并扮演他们喜欢的、不同于他们在现实生活里的角色。在网络世界中，他们可以塑造自己的形象——没有青春痘、不戴眼镜、不过胖不过瘦、跑得快、跳得高，既不缺钱，也不会因为太有钱而被过度关注。这种成为理想自我的体验当然是容易上瘾的。

在你拿走孩子电脑的一刻，你就是在把他拽回那个充满霸凌行为和评判的现实世界，就是在夺走那个能让孩子感到安全和自信的空间。因为，当你把那个安全而舒适的想象世界从孩子手里夺走时，你就让他陷入了一种平庸的生活，被作业所淹没，就是让他生活在残酷的现实中。在那里，他只是一个普通的孩子，自觉比不上班里的其他同学。如果能在网络世界呼风唤雨，谁甘于接受现实生活的平凡？

● 孩子的核心需求

所有人都有基本的物质需求，例如需要食物、水、空气和住所。所有人也都有基本的心理需求，例如需要挑战、获得成就、身份认同和能够自由表达这一认同的安全空间，以及可归属其中的社群或朋友圈。孩子的这些需求尤其强烈。下面，我们来逐一讨论，看看电子游戏是如何满足这些心理需求的。

•• 挑战和成就

人类为什么追求成功？

答案藏在进化生物学中。从我们狩猎采集的先祖，到特洛伊战争中的奥德修斯，再到《魔戒》主人公佛罗多·巴金斯，人类的漫长历史中贯穿了同一种叙事模式，即我们探索未知、战胜险阻，最后凯旋。心理学家提出了"**掌控动机**"（intent to mastery）一词，指人会在内在驱动力的驱使下，为实现重要且艰巨的目标而付出巨大努力。这一模式深植于我们的大脑中。掌控动机是婴儿在学习走路或捡拾物品时坚持不懈的核心原因。尽管一再失败，他们脑中的某种固有机制却仍在驱使他们不断尝试，即使面对困难也不放弃。这种掌控动机也体现在宏观的社会层面，即我们尊重和欣赏那些达成了艰巨任务的人，例如奥运冠军、世界级钢琴家和诺贝尔奖得主。

游戏开发商非常善于激发人的这一动机，在游戏的所有关卡都设置了挑战和奖励。每当游戏玩家打败对手，或者顺利进入下一关时，他们都会得到内心渴望的成就感，以及一种小小的"耶！"的兴奋感。游戏开发商深谙此道，于是他们努力在挑战性和易玩性之间保持平衡。他们想让游戏具有一定难度，以便让玩家拥有成就感，但是与此同时，他们也不想把游戏设计得太难，以免让玩家产生挫折感。这一平衡点就是游戏设计的最优解，即游戏吸引力的最大化。游戏开发商深知这一点。

你可能还记得，我们在第 1 章讨论大脑回路时谈到过，克服困难带给你的那种小小的兴奋是多巴胺在起作用，这是攻坚克难后大脑里释放的一种神经递质。与此相关的概念是"成就回路"。从心理学的角度看，成就感不仅包含释放多巴胺带来的快乐，还涉及由成功激发的自我认同、自尊和自豪感。

不过，人类的这一心理机制旨在激发我们迎难而上，而非被游戏开发商利用。电子游戏的问题在于，沉迷于其中的玩家不再需要通过解决现实生活中的问题来获得成就感，由此导致身心发展陷入停滞。因为，他们在游戏里获得的成就感大大削弱了他们在现实生活里打拼的动力。

如同我们稍后会谈到的那样，我发现最需要我帮助的并不是那些在学校遇到各种困难的孩子，而是那些来自成就至上的家庭、往往觉得上学很简单的孩子。虽然父母们（特别是老师们）不愿承认，但上学有时确实枯燥。即使在名校，老师也必须遵照国家规定的课程体系开展教学，必须顾忌标准化考试的指挥棒，也必须为了后进生而大幅放慢教学进度。

而电子游戏的难度却设计得非常完美。你没法立即赢，但只要付出努力，便终归能赢。比之于有时没法克服困难的现实生活，电子游戏借助奖励回路激发出的多巴胺要多得多。从心理学的角度看，我们渴望迎接挑战并获得胜利。如果孩子在现实生活里遭遇了很难或无法战胜的困难，电子游戏就会成为他的世外桃源。

电子游戏很"聪明"。不论你是游戏高手还是新玩家，它都能适应，同时始终保有一定的挑战性。你不必放慢节奏等待任何人，也无须找人来陪你玩。只要你想玩，游戏随时待命，并且难度适中，连游戏玩伴也帮你找好了。

电子游戏的另一大好处是，它会永远等着你。如果你有关卡过不去，你就可以反复尝试，直到成功。如果现实生活也能如此该多好。

虽然你也可以在现实生活里获取成功，但这是不确定的，而且代价不菲。也许你为了参加奥运会训练了很久，到头来却进不了国家队，于是多年的努力打了水漂。现实生活不会给你打包票，但是电子游戏会。不过，电子游戏也会有一定难度，以便让你的大脑觉得游戏中获取的成就与现实生活中的成就一样重要、一样难得。现实生活如何竞争得过电子游戏？

●● 身份认同和能够自由表达这一认同的安全空间

与安全需求紧密相连的是我们理解自我身份的需求。自我身份并非与生俱来，而是在童年时期逐渐形成的。

例如，婴儿没有自己和他者的概念。他们只有各种需求，只会感到高兴或不高兴。他们分不清饥饿和尿布脏了带来的不适感，只是单纯地表达满足或不满。随着时间的推移，大约两三岁时，孩子开始形成自我意识，表现出对某些事物的偏好，有了自己喜欢和不喜欢的东西。不过，他们仍旧不大理解，父母是独立于他们之外的个体，有自己的想法、感受、愿望和恐惧。在这个阶段，孩子并不知道他人的存在。（说句题外话，这就是为何创伤对儿童影响特别大的原因。因为，如果你认为这世上只有你一个人，一切想法和感受皆出于你，那么你遇到任何坏事就是你自己的错，因为没有别人来承担责任。）

在大约9~10岁时，孩子的自我意识会再一次觉醒，开始意识到他人的存在，但这种认知的维度依旧比较单一，例如他们发现汤姆叔叔喜欢我，而鲍勃叔叔不喜欢我。不过，这是孩子迈出的重要一步。在这之后的青春期，孩子的身体开始进入性成熟阶段，他们的大脑也有了相应的发展——开始学着寻找伴侣。他们开始理解，别人对他们有复杂而持久的看法。

这就是为何青春期孩子如此焦虑和缺乏自信的原因。他们终于发现，他们的一言一行和穿衣打扮都会影响别人对自己的评价。于是，他们不想再说错话，穿错衣服。他们常常想避开他人的目光，避开所有评判。

成年后，你开始形成内在认同感，即知道自己是一个什么样的人。所以在面对嘲笑或负面评价时，你有基本的定力，因为你对自己有清晰的认识。但是，青少年缺乏这种内在的自信，他们的大脑还没有发展到能够形成这种内在认同感的阶段。因此，孩子在青少年阶段非常容易受到外界评价的影响。

在这多事之秋，霸凌会造成相当恶劣的影响，所以孩子开始结成小圈子来保护自己，你家孩子也突然开始非常在意自己的发型和穿着，在意所有的"人气王"都有最新潮的运动鞋而你却不给他买。或者，孩子会拒绝整个社会，感觉自己是异类。然而，这种态度仍旧是因为他在意，只是表达得较为隐晦。青春期孩子对社交方面这些看似微不足道的细节非常敏感。在你看来，这些细节或许并不重要，但是请你仔细回想一下你在青春期时的感受。我记得，我那时常常觉得自己似乎找到进入小圈子的方法了，可结果却总不如意。只有融入群体，或者至少找到融入的办法，才能获得安全感。

在这一点上，电子游戏又一次满足了孩子的需求，因为他们可以借助游戏让自己成为理想中的样子。在现实生活中，你的孩子可能有各种烦恼，例如肥胖、长青春痘、见人就脸红。可是到了网上，他或许就能变成大神级别的人物，让人敬畏。换句话说，电子游戏能让我们较为容易地建立起让我们引以为豪的身份认同。而在现实当中，这是非常困难的事。

霸凌是一直存在的现象，可今天的霸凌不可同日而语。在我们小时候，霸凌一般发生在教室、校车或操场，对吗？只要回到家，霸凌即可被关在门外。

但是今天，安全的空间少之又少。霸凌者无处不在，因为他们游荡于各大社交平台，能全天候地评判和嘲讽你。

于是，一些孩子躲进了电子游戏，因为那里很**安全**。

在现实生活中，你无法选择自己的样子，特别是在你尚未成年时。你要经年累月才能让自己变得健壮起来。可是在电子游戏里，你只需点击一番就能变成一个大块头。你能成为理想中的自己，拥有想象中的外表，也能畅所欲言。没人知道你现实中的不堪。在虚拟世界，你无所不能。

孩子玩游戏越多，关注虚拟身份越多，他的现实身份就越模糊，他就越难在现实生活里"赶上"别人，进而在塑造自己满意的现实身份方面落后更多。如此一来，孩子就会想：为何不进一步投身虚拟世界呢？他很可能已经发现，在虚拟世界，成功来得更容易，痛苦也更少。在那里，获取成功的效率更高。所以投入虚拟世界越多，实现自我的可能性就越高，速度就越快。然而用不了多久，孩子就会深陷其中，让虚拟身份彻底取代现实身份。

●● 社群与归属感

电子游戏能让人觉得自己是社群的一分子，给人归属感。这种感觉是一些人在游戏之外难以获得的。对于结交新朋友有困难、一跟别人说话就脸红，或者刚刚搬到新住处的孩子来说，网络社群非常有吸引力。孩子们如今玩的电子游戏在设计之初就是为了向他们提供这些东西。

上小学时，我家地下室有一台游戏机。当时没有互联网，所以我要么一个人玩，要么跟某个邻居家的孩子一起玩，因为游戏手柄只有两个。这就是我的游戏圈子了。但是后来，电子游戏变得复杂了很多，能供很多人一起玩，里面不只有身边的朋友，还有世界各地的玩家。

大概 15 岁时，我迷上了一款叫作《星际争霸》的游戏，每天都跟另一个线上玩家对战，他在游戏里名叫 Error。这样玩了很多天后，我终于知道了他的真名：克里斯。他跟我年龄相仿，住在隔壁州。

在后来的许多年里，我们继续一起玩游戏，一起对战，也通过游戏保持联络。高中时，我们仍在一起玩游戏。后来高中的朋友们散了，上了各自的大学，我们还在一起玩游戏。我跟许多高中的朋友断了联系，却仍旧与克里斯交往。同样，大学毕业以及进入医学院后，我的朋友换了又换，他却一直在我"身边"。

克里斯是我的老朋友之一，陪我度过了许多重要的人生阶段，我们也见证了对方的成长和改变。21 岁时，我遇到了我如今的妻子。在我与她相识相知的整个过程中，克里斯一直在网线的那一头。

结婚前，我突然意识到，克里斯是我最亲密的朋友之一。直到我举办单身聚会（为即将结婚的男子举办的聚会），我们才第一次见到对方。我妻子第一次见到克里斯是在我们的婚礼上。虽然素未谋面，她却凭嗓音迅速认出了克里斯，因为这个通过电脑喇叭传来的嗓音，她已经听了十几年。所以克里斯也是她的老熟人。

我们之间的来往几乎只存在于线上，但是在我看来，我们的友谊无比真切。你或许很难理解，于当事者而言，一段虚拟时空中的关系竟然可以如此真实。克里斯一直是我的朋友、我的知己,我们的友谊长过我在现实生活中的绝大多数友谊。

很有可能,你家孩子在网络社群中的经历也是如此。而且,他在网上"见"到的一些人能够真正欣赏他想象中的自己,而非他呈现于日常生活中的、他无力改变的现实的自己。他们会每天上线,约你家孩子一起玩游戏!请停下来想想这件事。对你家孩子来说,这是一件多么开心的事啊!有人总想约他一起玩,你难道不为此感到高兴吗?

如果你家孩子被朋友们抛弃,或转学,或者你家搬到了别处,他就会失去所有朋友。我们常常见到,搬家过后,孩子玩游戏的时间和上瘾程度都会直线上升,因为搬家对孩子来说是非常痛苦的经历。多数孩子都难以立即建立新的朋友圈,若是换作本就不擅长在现实生活里结交朋友的孩子,难度只会更大。但是,孩子在网上的友谊并不会被搬家影响。所以在遭受搬家之苦后,他很可能会更加依赖他在虚拟社群中的那些朋友。他们依然会在那里陪伴他。

很快,孩子就会把现实生活抛到一边。因为在他看来,网络社群更强大、更稳固,并且比变动不居的所谓"真实的世界"更加真实。父母们不理解,拿走孩子的电子游戏等于夺走他的社交生活。你觉得电子游戏只是游戏,但事实并非如此。电子游戏的另一头是孩子的朋友们,是他的朋友圈。试想,假如有人一整个周末都不让你见家人和朋友,你肯定会抗拒,不是吗?然而,父母们正是这样对待孩子的,所以孩子才会如此抗拒。

如果你想让孩子停止玩游戏,你就不能只拿走孩子的朋友圈,却不拿其他形式的朋友圈来补偿。解决之道在于,你要帮孩子建立起能为他提供社交支持的新圈子。拥有了现实生活中的真实朋友圈,孩子就会更愿意放下网络世界中的虚拟朋友圈。我们生来就喜欢与人在现实生活中互动,电子游戏迷也不例外,只是他们或许还需要我们来帮他们一把。

这就是你的作用——去推动这件事。你得陪孩子建立新圈子。而且,你们一起来做这件事也能促使你们建立起联盟关系,结成利益共同体。亲子齐上阵,新圈子或许就能**超越**过去的老圈子。在那里,孩子会获得安全感、亲密感和面对挑战的兴奋,能感到有人关心自己,以及或许最重要的——他喜欢身在其中的自己。而且,孩子也会因此而更加爱你,因为你已经用行动证明你懂他,知道他需要什么。

● 互联网的弊端——匿名性

虽然互联网是个可以畅所欲言的地方,深受许多孩子喜欢,但我们也清楚,互联网有弊端。罪行往往不会发生在阳光下,而是发生在阴暗的角落。而互联网正是一片巨大的阴暗之地,因为没人知道你是谁。于是,有人便会利用这一点,显露出邪恶、不堪的一面。

在现实生活中,人的行为受许多因素制约,例如道德、法律、社会规范和行为后果等。我们不能为所欲为,是因为我们必须以某种方式承担责任。我们一般认为,这主要是因为我们讲道德。但研究表明,员工从雇主那里偷窃是出于两大原因,一是有机会偷窃,二是能逃脱惩罚。我不会在大街上找个人偷100美元,这或许是因为我觉得偷窃不道德,但原因也可能是那个人会看到我、会报警,或者会告诉我的父母是我偷了他的钱。身份一旦暴露,我就得承担行为的后果。所以抢银行的人总是戴着头套。

我们在前面谈到过,孩子的安全空间已经变得少之又少。还记得你带孩子去公园玩的时候吗?身为父母,你通常会留意孩子接触到的人。如果在孩子玩耍时,或在他放学后,你发现有几个三四十岁的陌生人走上去跟他说话,你会有什么反应?你可能会三步并作两步地冲过去。

然而在互联网上,这种事却是家常便饭,只是你没有看到而已。在网上,人与人的交往不受地理空间限制,你根本不知道你家孩子在跟谁说话,在说什么。虽然孩子在网上遇到的人可能会在某一天参加他的婚礼,但是同样,这些人也可能是骗子、性变态或恐怖分子。

如果你家孩子玩游戏,那么他就可能听到一些非常恶劣、无法在这里描述的事情。这些事情可能是关于他人或针对他人的恶劣言论。更吓人的是,也许你家孩子也是散布这类言论的人。

互联网的匿名性使人有可能做出在现实生活里不会做的事，这种环境滋生了大量负面行为和言论。有朋友最近告诉我，他家 10 岁的儿子迷上了一款叫作《堡垒之夜》的游戏。玩游戏时，他总是通过耳麦跟别的玩家说话。有一天晚上，我的这个朋友偶然戴上耳机，听了一小会儿。他震惊地发现，有个 26 岁的成年人跟他的 10 岁儿子说了句极其下流的话。我们给孩子看的电视节目里不会有这种语言，但是在电子游戏的世界里，这种语言却无处不在，而且有时是<u>直接</u>冲你家孩子讲的。这种语言有时涉及性，有时带有种族主义色彩，有时侮辱女性，非常粗鲁。而且，你根本没有办法避开无处不在的各种限制性内容。还有，问题还不只是别人的言行，如果你家孩子迷上了电子游戏，他自己也会脏话连篇，你若听了一定会受不了。

我并不是在吓唬你，也不主张完全禁止孩子玩游戏。不过你会本能地想要这样做，做父母的当然都会这样。你的担忧合情合理！你会本能地排斥那些让你感到害怕，并且对孩子有害的东西。这种反应非常正常！你很可能已经尝试过这么做。但是，倘若你被恐惧所驱使，完全禁止孩子玩游戏，就势必会招致孩子的抗拒、愤怒和怨恨，堵死你与孩子的沟通管道。这不是我们想要的结果。你这样做是在夺走孩子的朋友，这是他永远无法接受的事。

我们不是要把孩子隔绝在危险的水域之外，而是要教会他如何在其中安全地航行。

你不能一味排斥你害怕的东西，而是要去了解它。我们要提高孩子的能力，让他更好地面对现实生活，而非奉行鸵鸟政策，逃避现实。面对网络的危害，最佳的应对策略是熟悉孩子的生活，了解他的朋友圈。读懂这一切后，你就能帮助孩子在这个危机四伏的世界里安全地成长了。

预防策略：为小孩子定规矩

如果你家孩子刚开始玩游戏，或者你家孩子比较小，你还能在很大程度上影响他的行为，那么你就可以通过下面这些措施来预防潜在问题的出现。

- 限制或禁用游戏的语音聊天功能，防止孩子与其他玩家聊天。大多数游戏在"声音设置"中都有禁用语音聊天功能的选项。有些游戏还可以单独屏蔽某个玩家的声音。对于年龄较小的孩子，我建议你在游戏的声音设置中彻底关闭语音聊天功能。
- 设立一项规则，要求孩子在玩游戏时必须使用扬声器而不是耳机，这样你就可以随时了解孩子在游戏里听到了什么。如果孩子知道你能听到游戏里的声音，他就不太可能参与不良话题的讨论。
- 除了要能"听到"，你也要能"看到"。这里的关键是，孩子只能在你可以看到游戏画面的地方玩游戏。多项研究已经发现，孩子在自己房间会玩得更久，多出 50% 的时间。如果你允许孩子把游戏设备带进他的房间，并且允许他关上门玩，你就会失去"看到"这一重要的控制手段。

第3章
为何父母们对游戏成瘾如此头疼？
数字时代如何养娃

如果孩子沉迷于游戏让你苦恼不已，那么我想告诉你，这种情形其实非常普遍！你的朋友们或许只是没有说起，但实际上，很多父母都在为此发愁。

我在前面提到过，父母们深受其苦的部分原因在于，学术界对数字技术发展的反应速度明显滞后。我们希望动作快一些。不过，我在前面也说过，导致这一困局的原因也在于，对今天的父母来说，电子游戏与过去的完全不同！

想想你家孩子的成长环境与你自己的有多么不同，其中的差异极其巨大。在数字时代，我们那些得自父母的养育技能已经不堪用。我们的父母从来都不需要整天注意我们在看什么电视节目，因为只有周末上午才会放几小时动画片，并且家里一般只有一台电视机和一个遥控器。而今天的父母必须学会一整套过去根本无须知晓的全新技能。

例如，很多此刻正沉迷于游戏的孩子真心认为自己能够成为职业电子竞技者，而不管他们的水平有多么平庸。在我小时候，我的父母并不需要面对这种事，因为当时根本没有这种职业。（顺便提一句，我的"健康玩家"团队专门研究过这个问题。我们发现，至少从表面上看，成为职业电子竞技者非常不现实，因为成功概率极低。不过，不要跟孩子争论这一点，你只需让他提供他能够成为职业电子竞技者的统计学证据。）

除了与孩子讨论职业电子竞技者将来能挣多少钱这种不切实际的话题之外，你还可以去了解更多有价值的东西。你得学习新的做法来管理孩子的行为，把责任分给他一部分，甚至全部丢给他。这需要你安顿好自己的情绪，以便你能在这一艰难而痛苦的过程中清晰地思考。要想磨炼这些新技能，你就得承认你需要拿它们来解决问题！

● 把责任和失败还给孩子

如果孩子沉迷于游戏，你很可能就会碰到一个大难题，即如何面对失败，包括孩子的失败和你的失败。你不想看到孩子失败，这非常正常，也完全合理。你早已形成你有责任保护孩子免遭失败的观念，很可能也会把孩子的失败当作你的失败。没人想遭受失败！

在学校与家长面对面交流时，我常用一个问题开场：在你跟孩子的互动里谁说了算？显然，大多数家长都会回答，是自己说了算。可当我接着问确保任务按时完成是谁的责任时，大多数父母却说，那是孩子的责任。

我提高声音继续问，你家孩子没写作业，是谁帮他记着？是谁提醒他去上跆拳道课？是谁早上叫醒他，让他能按时上学？是谁为他做所有这些事情？说到这里，许多父母开始感到不安。因为他们开始承认，实际上是他们自己在承担确保任务按时完成的责任。孩子根本没有承担责任，因为**我们根本没有给孩子这样做的机会。**

然而，我们越是保护孩子避免失败，干预他的生活，他就越是对自己缺少责任心。这好比家里由谁来洗碗（至少我家是这样）的问题，如果碗总是一个人洗，那么另一个人就会习惯性地把碗碟一堆了事，不到万不得已绝不沾手。

玩游戏时，孩子们往往会把自己的责任丢到一边，因为他们知道，其他事情有父母操心。"你的作业写完了吗？""历史考试准备了吗？""科学实验做了吗？"

我们可以从因果的角度来看待这个问题。总的来说，我们种下的因会决定我们收获的果，即我们当下的行为会影响我们未来的际遇。

我们来看看，我们这些父母正在种下什么。你家孩子为他犯的错承受相应的后果了吗？比如他赖床有没有导致他上学迟到？

没有，因为你替他承担了这份责任。只要你替孩子做了他本该自己做的事，你就是在鼓励孩子依赖你。

你很难眼睁睁看着你的孩子承受失败，特别是在你不费什么力气就能帮到他的时候。你本能地想保护孩子，让他远离自己种下的恶果。你认为好父母就应该这样做。然而，在游戏成瘾横扫全球的当下，好心却可能**办坏事**。如果你过度保护孩子，不让他承受沉迷于游戏的负面后果，那么你就是在助长他的问题行为。

我们为什么会这样做？因为失败对孩子的影响非常大。父母远比孩子更加了解失败的代价。一次没考好可能看起来并不严重，但孩子不久后就会知道，这会直接影响他的成绩。然而，此时的他却对此一无所知。直到成绩已经无法改变，到了申请大学时，他才会幡然醒悟。

如果你不再喊你家孩子起床，结果会怎样，假如他是一名高中生的话？我打赌，他第一天肯定会感受到一种解脱的喜悦，甚至第二天感觉也不错。但是很快，他就会第三次迟到。在许多学校，学生连续迟到三次可能会被停课，在档案里留下污点。如果你继续不喊他起床呢？他甚至可能无法毕业。天哪，他没法跟朋友们一起上大学？要被迫留级？或者重读大学一年级？

一旦孩子深陷麻烦当中，发现情况不妙，他就会开始按时起床，甚至主动向你求助。特别是，他还会**感激你的帮助，而非抱怨**。

可如果你总是替孩子收拾烂摊子，或者事无巨细地要求他，他就永远都不会担起自己的责任。

要想改善现状，你就不能允许一方自由散漫，另一方却承担所有责任，这样不行。我们需要与孩子分担责任，分享权力，然而父母们有时并不愿意放手。找我咨询的一些父母不愿让孩子分担责任，这是有道理的，因为父母通常能做出更好的决定，而孩子更容易犯错。然而问题在于，如果父母不让孩子承担一些责任并从错误中学习，孩子可能就无法学会为自己负责。尽管父母担心孩子的错误可能会带来严重的后果，但只要父母能找到方法放弃一些权力，那么孩子就有可能学会承担一些责任。

● 调整好你的情绪

跟孩子坐下来聊他玩游戏的事情时，你很可能会拿出你一贯的态度：强调提升能力和养成好习惯对未来的重要性。你努力用鼓励和理解的口吻，和蔼地面对他、关心他。然而，你知道你心里其实充满了恐惧、愤怒和内疚。你对孩子的未来感到恐惧，你因为孩子在玩游戏这件事上与你作对感到愤怒，你为没能把这个问题早早解决而内疚。这样下去，孩子的人生会越变越糟。

问题是，如果你带着恐惧、愤怒和内疚养育孩子，你就会把这些情绪投射到孩子身上，你会从这些情绪出发来解读孩子的行为，或是在面对孩子时不自觉地流露出这些情绪。而你或许早已发现，孩子的感受非常敏锐，他知道你口不对心。

●● 心怀恐惧养育孩子的危害

如果你带着恐惧养育孩子，结果会如何？通常，你会通过对孩子施加控制来减轻这种恐惧。例如，如果你担心孩子在聚会上喝酒，你可能就会一禁了之。你通过控制环境来缓解恐惧。但是，这种控制欲的根源是你的负面情绪。你知道，如果你控制了环境，你就不会害怕了。你可能会直接吓唬孩子：要是……你这辈子就完了！然后实施控制。实际上，你只是在用这种过度的控制来缓解你内心的恐惧。

然而，一旦你施加控制，孩子就会被你逼到对立面。没错，你的恐惧确实减轻了，可孩子的感受如何呢？他并没有看到你眼里的危险，所以他认为你的反应十分夸张。你们对事情的理解完全不同。他觉得自己受到了不应有的控制，于是拼命抵制。你对孩子的限制会让孩子生气、失望，也会让他沾染你的恐惧。这么多负面情绪要如何消解？玩游戏嘛。

你的恐惧，以及你为了缓解这种恐惧所施加的控制，只会把孩子进一步推向电子游戏。如果你的内心里只有恐惧，却没有理解和合作，孩子的问题就只会雪上加霜。

●● 心怀愤怒养育孩子的危害

如果你发现自己有时想要发火,这是完全可以理解的,也是正常的。你希望亲子间的氛围是温馨而充满爱意的,而非弥漫着愤怒和对立,然而你却总是气不打一处来。也许你想花更多时间陪孩子下象棋、学画画、打网球,而非整天看他玩游戏,然而你却抽不出时间。

面对孩子时,如果你既疲惫又愤怒,结果会发生什么?心情不好的我们很容易走极端,非黑即白地看待问题,也常常指责他人,不愿倾听。这时,你可能会吼孩子,实施惩罚,也可能强作笑颜。但不论你如何反应,你都希望情况能立即改变,好解决问题。看着你紧锁的眉头,孩子会感到害怕,他可能会向你道歉,也可能,仅仅是可能,选择顺从。但是顺从不是真正的改变,因为顺从的前提是你发火了。而你也会觉得,只有吼他才能让他听话,于是更加依赖这种做法,如此恶性循环。

●● 心怀内疚养育孩子的危害

由于电子游戏对孩子的生活造成了负面影响,你很难不为他遭遇的各种问题感到内疚。

可问题是,孩子的成长环境已经与过去完全不同。世界在变,你面临的挑战也在随之改变,因此你无须自责!

我们先来谈谈内疚对我们自身的影响。孩子遇到困难时，我们会本能地想帮他。但是有时候，例如在孩子沉迷于游戏这件事上，我们帮了却没有效果。孩子需要帮助，我们却没帮上忙，于是就会感到内疚。这种感觉会驱使你再次尝试——你虽然让孩子失望了，但仍然不放弃。可是，你这样做只是出于内疚，而非冷静的思考，所以你或许还会失败。

我帮助过的许多父母都是这样，试了一次又一次，屡败屡战，直到最终绝望。这很合逻辑：既然试了 5 次都失败了，为何还要对第 6 次抱有希望？

于是，父母们的行为始于内疚，却终于麻木。你的大脑告诉你，成功没有可能，于是你深感绝望。这时，你已经基本放弃，因为你的大脑不想让你继续劳而无功，于是便借助绝望来让你停止努力。如果孩子感受到了你的这种绝望，那么你不论做什么都注定会失败。

注意，所有这些反应都是可以理解的！如果恐惧驱使你控制孩子，如果愤怒驱使你要求孩子做出改变，如果内疚和绝望令你放弃努力，如果你不想再听孩子辩解，这都能理解。毕竟，你是人，难免会情绪失控。但是，你在冲动下所做的任何事情、所定下的任何规矩或惩罚措施都会变形走样。

为什么？因为情绪反应是短暂的，总是来来去去。如果新规矩只是因为你一时的冲动，那么这样的规矩也就只能存在一时，因为你用来执行这些规矩的心力会跟着你的情绪一起波动。你的感受变了,你之前定下的做法也会随之改变。

我的目的是帮你调整和释放这些情绪,并且促使你与孩子达成共识,设立几个共同目标,结成亲子联盟。这种联盟关系的基础是双方的长期合作,而非某一方的冲动或情绪反应。父母的恐惧、愤怒和内疚也会在孩子心里激起类似的负面情绪。这不仅无法解决问题,还可能让孩子更加依赖游戏。

● 如何避免掉入负面情绪的陷阱

我的疗法注重帮父母们调整情绪,这样他们才能跟孩子好好说话。毕竟,孩子是通过观察父母来学习辨识和调整自身情绪的。

我们针对父母做辅导,目的之一就是消除这一盲点。一些父母不承认自己有盲点:"我不需要帮助,有问题的是孩子。"这时,我会引导他们思考,孩子表现好的时候,家里是什么情况?孩子表现不好的时候,家里又是什么情况?

观察孩子出问题的家庭,你往往会发现孩子的父母承受着巨大的压力,例如家人生病、经济困难、夫妻情感出现危机或家中有人失业等。

压力巨大的父母常常无暇放松心情,关心自己的身体或饮食。他们或许工作压力太大,或者工作太拼命,于是选择用不健康的方式来纾解压力,例如每晚借酒浇愁,或者过度依赖手机。

要想改善孩子或整个家庭的现状，父母必须首先照顾好自己，这才是制胜之道。

现在，我们来做个自我评估。你过得怎么样？有没有感到焦虑不安，身心疲惫？帮孩子摆脱游戏成瘾并不能通过简单粗暴的干预来实现，恰恰相反，真正的改变只能来自日积月累的点滴努力。从长远看，你必须先保持健康，然后才能让孩子逐渐健康起来。

有时，我会给父母们打个比方：哪怕我只把航行的方向调整一点点，一年过后，我也会到达完全不同的地方。孩子沉迷于游戏时，我们也要这样想。

父母们觉得孩子沉迷于游戏是个**大难题**，这没错，但大难题并不一定需要动大刀。恰恰相反，长远看，累积微小的改变，例如微调航向，效果最好。

> 大难题并不一定需要动大刀。
> 恰恰相反，长远看，
> 累积微小的改变，
> 例如微调航向，
> 效果最好。

● 首先关爱自己

在解决孩子沉迷于游戏的问题时,我希望你始终能保持冷静、沉着和镇定的心态,所以我建议你首先做一番努力来关爱自己,让自己拥有好心情。

睡觉: 我们都知道觉得睡够,但这里需要再次强调。因为,只有父母睡好了才能有效帮孩子应对困境,而不会受到自身负面情绪的干扰。

获取情感支持: 情感支持可以来自多种渠道,例如父母、兄弟姐妹、配偶和朋友,只要对方能发挥正面作用就可以。你与他们交流时能获得抚慰吗?他们帮到你了吗?如果你的回答是否定的,你就应该转换目标。

心理治疗: 这本书并不能代替心理治疗,无论对你还是对孩子来说都是如此。但它能促使你评估自身和整个家庭的现状。停止独自挣扎,寻求专业帮助,这么做永远都不会错。

在理解孩子和为孩子设立游戏规则方面,能够保持冷静、沉着和镇定的父母都能做得很好。你并不需要做太多事,只需在面对孩子时保持良好的身心状态。

记住,只有照顾好自己,你才能游刃有余地养育孩子。

你得调整好自己的情绪,以便更好地帮孩子调整情绪。你得学会不让孩子的脾气得逞,得通过首先关心自己来为成功解决问题打下基础。

现在,你已经了解电子游戏对孩子大脑的影响以及它满足了孩子的哪些心理需求,你也认清了你的情绪和习惯对孩子的影响。下面,你可以迈出下一步,与孩子对话了。

第二篇

对 话

如何与你家的游戏迷交谈

现在，我们要采取行动了，只是行动方式可能与你想象的不同！我们首先要做的不是设立规则和奖惩措施，而是与孩子进行真正的对话。要想理解电子游戏到底对孩子意味着什么，你就得跟孩子坐下来聊聊这个话题。接着，你还要与他结成亲子联盟，如此才能让他开始戒除游戏瘾。

在接下来的 4 章内容里，我将帮助你评估孩子对玩游戏这件事的认知水平，建立亲子联盟，在游戏话题上找到共同语言（这一点非常关键），以及为设立游戏规则打好基础。

第 4 章
评估
孩子处在哪个认知阶段

数不清的父母因为孩子沉迷于游戏而向我求助,他们的孩子大多十几岁,也许在读高中或大学低年级。但电子游戏的种类非常多,各年龄段人群都有可能沉迷其中。

不过总的来说,孩子年龄越大,他对自己沉迷于游戏的问题就认识得越清楚,解决问题的条件也就越成熟。下面,我们来谈谈你家孩子可能身处的不同认知阶段。

● "不自知"阶段

如果你家孩子年纪尚小,比如未满 12 岁,那么他很可能缺少自知。他大概率看不清局面,即游戏玩得太多了。我称之为"不自知"阶段。处在这一阶段的孩子只知道你允许他上网玩,他也喜欢玩，还想玩更多。他并非出于心理防御（用以保护自身情感免受伤害）而否认沉迷于游戏有害，而是他的大脑（确切说是大脑额叶）尚未发育到能够考虑后果的程度。

在这一阶段，父母需要站出来掌控局面。现在你说了算！孩子还小，他的日常起居仍旧主要由你管理，例如规定睡觉时间，给他做饭，甚至决定他跟谁一起玩。因此，你能够也应该严格限制他玩游戏，比如可以玩多久，必须在哪里玩，以及什么游戏可以玩，什么游戏不可以玩。孩子抗拒时，虽然你首先要做到理解和共情，但你或许也得设置一些硬性规定，而不管孩子是否认可。做这件事时，你要竭力排除感情因素的干扰。

这一阶段的重点是设立游戏规则，并且**一以贯之**地执行。这么做是在为该年龄段的孩子建立良好的游戏习惯打基础，所以你得严格执行你定下的规矩。

如果孩子十二三岁了，情况会复杂一些。他的身体已经开始成熟，对学校和友谊也开始有了更准确的理解。但最大的问题是，他**觉得**自己什么都懂，可事实并非如此。他并不知道自己还有许多不懂的事。他的大脑仍在发育，对电子游戏缺少抵抗力。他还无法理解玩游戏可能或已经成为问题，他只觉得游戏好玩！他仍旧处在"不自知"的阶段。

● 看年龄不如看阶段

孩子再长大一些后，他就会开始形成强烈的自我意识。他会觉得自己聪明，有能力，还会对你说他能自己做决定。没错，这一阶段的孩子愈加明事理了，因此我们也有理由认为，他确实知道玩游戏会影响他的生活。他或许已经开始醒悟，或者到了我说的"自知"阶段。可尽管如此，他仍旧处在青春期，因此会抵制你单方强加给他的任何东西。这时，你凡事就只能与他**商量**，而不能霸王硬上弓了。

当然，孩子是否愿意就他玩游戏的事与你交谈，以及他能否接受你定下的游戏规则，并不完全取决于他的年龄。有可能你家孩子非常早熟，小小年纪就知道自己不能这样玩下去。也有可能你家孩子虽然已经成年，却仍旧像个妈宝男（详见第 54 页），完全意识不到自己这样做有什么问题。而且，你家孩子的心理发展水平也可能与其他同龄孩子大相径庭。简单说，**看年龄不如看阶段。重要的是孩子在多大程度上认识到了自己的问题并愿意改变。**

有时，你很难判断孩子对他玩游戏这件事的认知水平。很多时候，已经"自知"的孩子却还是摆出一副"不自知"的样子。这主要是因为，这些孩子不敢承认问题的存在。他们会暗自嘀咕："我要是承认有问题就不让我玩了。"他们不敢让步，只怕我们得寸进尺。

要让孩子从"不自知"阶段过渡到"自知"阶段，关键在于增进孩子对问题的理解。

我们无法强迫孩子理解，但可以鼓励和引导孩子多观察，并且问他一些开放式问题，以此来推动这一过程。我会在第 6 章里详细讨论这个问题。

● 改变的五阶段模型

心理学用改变的五阶段模型来评估一个人究竟在多大程度上愿意去认识问题并做出改变，这五个阶段分别是：前意向阶段、意向阶段、准备阶段、行动阶段和维持阶段。在这一章里，我们主要介绍前三个阶段。

重要的是，你跟孩子的谈话方式要匹配他对问题的认知水平，否则谈了还不如不谈。

我曾经帮助过一对父子。父亲是一位经理，我们姑且叫他戴夫。儿子沉迷于游戏，我们姑且称他希恩。职场上的戴夫精明强干，是解决问题的一把好手。同时，他也是一位慈父，非常关心孩子。然而他觉得，以他的资历，他完全明白孩子的问题出在哪里，并且确信他能"药到病除"。

戴夫尝试直接上手解决问题，他确信自己知道希恩应该做什么，并且明确指示希恩这样做，例如每天只能玩 1 小时，每周至少两天完全不能碰游戏，以及在附近的夏令营找一份工作，因为他确信希恩必须多在户外活动。

希恩全盘接受了父亲的指示。他是个随和的孩子，爱他的父亲，也希望缓和他们之间紧张的关系，所以愿意按照父亲的话去做。然而，愿意并不等于做到。希恩尝试每天只玩 1 小时，几天后，他每天的游戏时长又慢慢涨了回去。而且，他从未做到每周至少两天完全不玩游戏。虽然他向一家夏令营提交了入职申请，可随后就把这件事抛到了脑后，继而错过了面试。而为了戒掉希恩的游戏瘾，戴夫继续给希恩提供各种建议，发出各种指令，但效果都无法持久。父子俩的关系不仅没有缓和，还更紧绷了。

这里的问题是，戴夫并未考虑希恩的**认知水平**。希恩虽然愿意按照父亲说的去做，但他并没有认识到自己的问题有多么严重，因此总是坚持不下去。希恩尚未意识到自己需要改变，而只是单纯地讨好父亲。他虽然乖巧听话，却无法长期坚持，因为他并没有认识到要为自己负责。

戴夫指点得再多，意志力再强大，也无法取代希恩承认自己有问题的意愿和解决问题的决心。除非父子俩能达成共识，结成亲子联盟，否则希恩的心就会一直拴在游戏上。

我希望以下内容能让你明白如何解决这个问题。你家孩子到底处在哪一个认知阶段？如何契合孩子所处的阶段，而非让孩子去满足你的想象？不管你制订的计划有多么详尽，只要你没有从孩子所处的阶段出发，而只是让孩子来迁就你，那就注定不会有结果。

> 不管你制订的计划有多么详尽,
> 只要你没有从孩子所处的阶段出发,
> 而只是让孩子来迁就你,
> 那就注定不会有结果。

在第 10 章和附录一里,我将详细介绍如何推动孩子走过实现改变的五个阶段,以及如何制订具体的引导方案,例如在什么时间跟孩子说什么话。不过在这里,我只希望你能理解和认识这些阶段。

●● 前意向阶段

在这一认知阶段,孩子尚未意识到自己这样玩游戏是有问题的。

这就是我在前面讲的"不自知"阶段。处于这一阶段的孩子尚未"醒悟",甚至从未想过自己需要做出改变。孩子或许完全没有意识到问题的存在,但更常见的情形是,孩子对你说的表示不解只是一种心理防御机制。

这时,孩子常常会一口否认问题的存在,但有的孩子也会为自己辩解,例如:"没有,妈妈,我没有问题,因为……""我在玩游戏这件事上管着自己呢……""只有在……情况下才是问题。"这些孩子会把自己的问题合理化，提供各种理由来消除父母的担忧，只是他们的解释往往漏洞百出。

孩子处在前意向阶段时，父母要做的是通过**开放式提问**，鼓励孩子**不带评判地**审视自己的行为，激发他思考。你流露出的批判态度会激发孩子的心理防御机制。所以，你要鼓励孩子全面审视他玩游戏的行为，包括好处和坏处。

问孩子一些开放式问题，即不能简单用"是"或"否"来回答的问题，以此来激发孩子思考，而非直接告诉孩子他有问题。

例如："对于玩游戏这件事，你是怎么看的？这么做有什么好处？又有什么坏处？"

开放式提问不是反问，例如："你不觉得你每天玩 5 个多小时游戏有问题吗？"反问用于表达观点，而非收集信息。**开放式提问旨在了解情况，而非表达观点**。提问时，你要怀有一颗好奇心。现在，孩子是专家，你不是。你只是求教者。

●● 意向阶段

这一认知阶段的特点是内心矛盾或存在一定的内心冲突。孩子知道他很可能得做出一些改变，可又有些东西在妨碍他。他承认这样玩游戏有问题，但问题又**没有大到值得他付出努力去解决的程度**。换句话说，他知道这样做既有好处也有坏处，但总的来说，他仍然觉得不值得费力去改变。

如同戴夫，很多父母都会误解孩子在改变上的矛盾心理，犯下急躁冒进的错误。一听到孩子说"这好像是个问题"，父母们就会跑步进入解决问题的状态：

"很好。那我们就别再玩了。"
"谢天谢地你**终于**明白了。"
"那我就把你的游戏机收起来了，因为我爱你。你知道这一点，是不是？"

遗憾的是，这样做只会弄巧成拙，或许你已经遇到过这种情形！孩子会觉得说出自己的想法很危险，甚至会对你更加抗拒。如果孩子处于意向阶段，你就要站到他那边，有时还要把话说得夸张些："嗯，我想，玩游戏可能影响你的成绩了……可游戏还是太好玩了，是不是？"孩子处于这一阶段时，正确的做法是**回声式反馈**，用孩子的看法来回应他。

如此一来，孩子就不会反射性地关闭心扉，产生抵触情绪。你没有向他施压，他就没有对象可抵触。

事实上，如此回应往往能引导孩子走向你期望的方向，例如孩子接着说："游戏确实好玩，但学习也很重要。"孩子常常能自己得出这条重要的结论，而不需你去点破。可是很多时候，一旦孩子说出"学习很重要"这样的话，父母就会兴奋不已，立即要求孩子停止玩游戏。我想再次强调，此时，你应该运用回声式反馈，例如："嗯，这确实是个大问题。一方面，学习对你来说很重要，但是另一方面，游戏也确实好玩。那该怎么办呢？"

●● 准备阶段

如果孩子承认游戏已经影响了他的生活，干扰了他的学习，或者破坏了亲子关系，他就进入了准备改变的新阶段，好比站上了起跑线。不过现在还不是起跑的时候。如果你们没有做足必要的准备，改变的效果就会大打折扣，后续还会产生一系列问题。

现在要做的是：**与孩子一起制订解决方案。给孩子提供一些选项，让他来选择。**

我也用这种方法来帮助酗酒者。如果患者已经做好了戒酒的准备，我就会问对方，**接下来我们要怎么做？** 他觉得怎样治疗效果最好？药物治疗？心理治疗？还是加入戒酒互助会？身为医生，我知道，如果**我**这时候告诉他应该怎么做，那么从科学的角度看，效果是不会好的。患者本能地知道怎样做更适合自己。所以，在与孩子一起制订解决方案时，你要提供一些选项供他选择。例如：

让孩子决定什么时候可以玩游戏："写完作业随便玩，还是每天玩固定的时长，你觉得哪个好？"

让孩子决定玩游戏的次数："你想在每天特定的时段玩，还是在一周的某几天里玩？"

既限制"垃圾食品"，也增加"健康食物"："你每周还想做点什么？下棋？练习武术？还是学一种乐器？"

让孩子决定是否通过停止玩一些游戏来减少游戏时长："你想停止玩哪几款游戏，而不是由我们来限制你玩游戏的时间？"

提供选项供孩子选择，这么做能增强孩子在整个过程中的参与感，使他们能够对最终的结果拥有一定的掌控权，增强主人翁意识。这样一来，孩子就会"认可"调整方案。在帮助孩子改变行为这件事上，孩子的"认可"重于一切。

妈宝男

在大多数国家，18 岁是成年的法定年龄。然而在实际中，许多十八九岁的年轻人仍然住在父母家里（至少在大学放假时）。这时，开放式提问和提供选项仍旧是帮助他们改变行为的有效做法。

不过，一旦孩子的年龄迈过 20 岁的门槛，你就得允许他在改变游戏习惯这件事上做主了。不管你是他的父母、伴侣，还是兄弟姐妹，你都不能再强制他停止做你看不顺眼的事了。

当然，妈宝女也是有的，但是总体上看，我的患者约有七成是男性。典型的妈宝男，如：23 岁，借住在父母的地下室里，没有工作。他在年龄上已经成年，可在行为上却还像个孩子。他们的成长受到了一定的阻碍，模样是成年人，做起事来却像青少年。

"妈宝男"是个很棘手的问题，但也并非不能解决。不论孩子年龄多大，我的总体原则都是：**孩子自己能做就一定不要替孩子做**。如果你做了孩子自己能做的事，问题就会产生。

假设你与男友住在一起，他整天玩游戏，自己的衣服从来不洗，都交给你洗，那么这就是问题。如果你的儿子或女儿仍旧住在家里，你还像往常一样提供一日三餐，那你就必须警醒了！

首先，你只需停止为孩子做事。这里的停止不是一下子全停，而是从小处开始，逐渐培养孩子的独立性，直到你彻底停止帮孩子做他分内的事为止。也许你可以先停止给他洗衣服，接着停止给他做饭，再停止帮他打扫卫生。让他自己做，敦促他去做。

毫无疑问，你这样做会激怒你家的妈宝男，因此你一定要循序渐进。但只要是他<u>力所能及</u>的事，最终都<u>应当</u>由他自己做。如果你为他做了这些事情，你实际上就是在鼓励他继续做小孩。

而且，你这样做还会促使他沉迷于游戏。如果你为他洗衣服、做饭、打扫卫生，还不收他房租，那么他甚至都不需要去工作。你实际上是在为他随心所欲地玩游戏提供肥沃的土壤。

如果你不再照顾已经成年的他的各种需求，结果会怎样？如果他想吃饭或洗衣服，他就得放下手里的游戏，至少放下一小会儿。这不就是进步吗？——每天少玩一小时游戏，他才能有饭吃，有干净衣服穿。

如果你在经济上资助他，例如给他买游戏，买食物，给他交宽带费，那么你也可以把这些事项列入削减计划。如此一来，他早晚都得放下手里的游戏去工作，这样才能挣到钱让自己玩下去，甚至还能把房租付掉。你肯定也希望他一点点地担负起他作为成年人的责任。一旦他开始这样做了，他就走进了一个全新的世界，就能看到未来真正实现自立的自己。

● 各就各位！预备！出发！

你跟孩子很可能得在玩游戏这件事上交流很久。在此之后，孩子才会对自己玩游戏的行为有所反思，并且会有改变的意愿。走到这里，你的感觉会非常好。不过不要忘了，现在还没到快马加鞭的时候，稳健才是王道。

"成功"并非我们当下设置的目标，而是持续不断地改进。最重要的是要记住，你跟孩子是站在一起的。你们是一个团队，只有密切配合才能收获最大的成功。现在，你们要真正联合起来，一起制订和打磨你们的行动计划。

第5章
联手
如何与孩子站在一起

世界很危险。但好的养育并不是要让孩子与世隔绝。虽然街上也有危险，但父母的职责并不是把孩子关在家里，而是要让孩子了解交通规则，知道过马路要左右张望，能够发现和躲避危险。我们得教会孩子如何保护自己，因为我们不可能总陪在他们身边。

从前几章内容可以看出，我坚信互联网在总体上是有助于孩子发展友谊的，特别是其中的电子游戏。但我们也谈到过，有时候，我们对孩子交到的网友知之甚少，其实孩子也是如此。由于未曾谋面，我们无法单靠直觉判断他们的身份是否真实，以及他们对孩子的影响是好是坏。除了电脑音箱里偶尔传出的话音，我们对他们一无所知。

我们改变不了互联网，也没法把孩子完全挡在互联网外面，我们只能教育孩子如何做人，谨慎择友。如果我们能做到这一点，孩子就会是好孩子。

你越是能走进孩子的生活，甚至走进他的网友圈子，你就越是能有效地影响他，帮他规避不良影响。要做到这一点，你首先得与孩子站在一起，成为他的队友。

● **改变互动方式**

我在第一篇谈到过，许多孩子玩游戏是为了排解负面情绪。这就是你与孩子结成治疗联盟的重要意义所在。如果你能学会坐下来，听他说话，与他交流，那么当他有负面情绪时，他或许就会来找你，而不是通过玩游戏来发泄。

相反，如果你跟孩子的关系是紧张和对立的，他就会远离你，转而投向他的那些网友。这种局面只会令孩子感到更加孤立无援，也让你们的关系更加疏远。如果你担心孩子交到问题网友，你就不能糊里糊涂地亲手把孩子推向那些人。你必须与孩子建立亲密、健康、稳固的关系，以防孩子转而依赖网友来寻求情感支持。

现在，我们开始吧。扪心自问：**我应该采取哪些具体措施来重建与孩子的亲密关系**？

如果你现在跟孩子谈论玩游戏的事，那么我敢说，你们的谈话很可能会变成一场争论。你们的观点截然相反。你说东，他说西。这样的争论没有真正的赢家。就算你在争论中占了上风，你也会因此输掉你与孩子的关系。

正在读这本书的你，也许只是刚刚开始担心孩子玩游戏过多，也许已经开始忧心这个话题所引发的紧张气氛，也许已经清楚地意识到这是个非常严重的问题。你可能已经采取过一些措施，却遭到了孩子的强烈抗拒。

不论你属于上述哪一种情形，你都得转变你与孩子的互动方式，避免让你们的关系陷入对立。如果你总想让孩子做他不愿意做的事，那么只要你一开口，他就会立即把你视作敌人。这种紧张的互动方式会激活孩子的杏仁核，触发恐惧反应，让孩子做出保护自己的行为。如果孩子认为你要收走他的游戏设备，他就会感到害怕并且进入防御状态，通过抗拒来保护自己。

当杏仁核被激活时，我们就会以非黑即白的极端方式思考问题，而看不到灰色地带。奇怪的是，这正是我们大脑本能的运作方式。试想数千年前，人在什么情况下会感到恐惧？主要是在遇到剑齿虎、鳄鱼和蛇等凶猛动物的时候。在那种情况下，你自然不会希望你的大脑去仔细思考或深入分析环境中的细微差别。比如说，这只剑齿虎是不是比较温顺？也许那只豹子刚吃饱，还不饿？你的大脑不会这样做，它只想保护你，要你立即采取行动。于是恐惧反应被触发，那些细微差别就被你抛到脑后了。

当孩子大脑里的杏仁核被激活，即恐惧反应发生时，你无论说什么他都听不进去。尽管你努力传达许多重要信息和对孩子的深深关爱，但似乎都毫无作用，是不是这样？你的所有努力似乎都打了水漂，因为孩子的大脑已经完全屏蔽了你说的话。因此，你的话有多么正确一点也不重要。你们之间似乎横着一道深不见底的鸿沟。

如果你能用新的方式与孩子对话，旨在更好地理解他，而非威胁收走游戏设备或抱怨他的成绩，那么孩子就不太可能进入防御状态，关闭沟通渠道。你的目的不是与孩子争论，而是达成理解。这里的理解不仅是让孩子理解你，更是让你理解孩子。很多时候，我们只是单方面地告诉孩子他做错了什么，并希望他改变。然而，要想让孩子真正产生改变，我们就得给他表达自身想法和感受的机会。

如果你能让孩子感受到你愿意理解他，那么你随后说出的话就会更容易打动他的心。

● 消除恐惧

要建立这样的亲子联盟，首先要 消除孩子的恐惧。如果孩子认为你要拿走他心爱的游戏，他就会拼命与你对抗。要做到这一点，你就得拿出理解的态度去面对孩子，这很重要。如果你一开始说的是："你这样玩游戏我很担心。""我不喜欢你整天玩游戏。"或者："你这么做会耽误你自己。"那么你只会吓到孩子。

要想消除孩子对失去喜爱之物（游戏）的恐惧，你就得改变说话的方式，例如：

我想跟你坐下来简单聊聊你经常玩游戏的事，因为有些事情我看不懂。

我觉得电子游戏是一种用来休闲的爱好。你过去也有很多爱好，可我实在看不懂，你为什么对游戏这么着迷，我还从没见过你把这种劲头用在别的事情上。

这样说效果会更好，因为你放下了那个全知全能的父母角色。你承认你不懂一些事情，需要**孩子来帮你**搞清楚。这种态度与你平时那种高高在上的态度迥异。比如："你真让我发愁，你应该……"

考虑到这一沟通理念，你首先要能够跟孩子平心静气地谈论电子游戏。注意，这里的关键在于，你**不能批判玩游戏的行为**。你必须让孩子觉得你跟他聊关于游戏的话题是件轻松的事，不用担心这样谈下去，你就会把他的游戏机或电脑收走。

在进行这类对话时，大多数父母都会把它变成一场关于游戏时长的争夺战。如果你真想与孩子谈下去，你就得首先摒弃这种以游戏时长为奖惩的做法。你不能让孩子觉得，他所说的每一句话都会成为你进一步限制他游戏时长的把柄。

> 如果你真想与孩子谈下去，你就得首先摒弃这种以游戏时长为奖惩的做法。你不能让孩子觉得，他所说的每一句话都会成为你进一步限制他游戏时长的把柄。

为了开启一场不评判孩子的对话，你需要首先向孩子明确谈话的目的和范围。例如，你可以对孩子说："我们今天的谈话不会影响你玩游戏的时长。将来我们可能会讨论到底玩多久比较合适，我也想听听你的意见，但那是以后的事。现在，我只想知道游戏为什么那么好玩。"

你们想做好父母，帮孩子做好应对未来的准备。但是与此同时，好父母也意味着让孩子开心，能够做自己想做的事。把这些话告诉孩子！就算他没法立即相信你的话，他也会听到并记住，这些话将来会发挥作用。

在第一次谈话中，你要强调你想更多地了解电子游戏。你想知道游戏对孩子来说到底意味着什么，为什么孩子那么喜欢玩游戏。你也可以告诉孩子，你过去批评他玩游戏是不对的，并且你没有真正用心去理解他。如果你能发自内心地承认这一点，那么这对孩子来说将会非常有意义。首先为自己的过错道歉对修复关系极其重要。你不必执着于道歉的具体形式，但一定要把歉意表达出来。

你可能会觉得这很复杂,但其实没有那么难。例如你可以这样说:

你玩游戏这件事,我已经担心很久了,你肯定也发现了。过去,我对你的态度受到了这种担心的影响,在你玩游戏的时间上管得太严。我也没有认真去理解你为什么要玩游戏,你喜欢游戏的哪些方面,以及现在的孩子都在想些什么。我为我过去的做法向你道歉,我也想了解更多关于游戏的事情。虽然你的一些行为还是让我很担心,但我觉得,我们双方都得进一步理解对方,让事情往更好的方向发展。虽然我们在讨论你玩游戏的事,但我并不打算进一步限制你玩游戏的时长。我只希望你能帮我更多地了解电子游戏,你觉得怎么样?

此外,你做事的方式也非常重要,因为**上行下效**。如果你冲动行事,一不高兴就突然断网或夺走孩子的游戏设备,那么孩子就会有样学样。你的行为有多么不理智,孩子就会用同样不理智的行为来回应你。

当你用不评判的方式与孩子对话时,你就是在以下方面为孩子做榜样:

- 尝试去理解对方的想法。
- 为自己的过错道歉并承担责任。

- 为今后设立必须遵守的游戏规则打基础。

● 找到新的共同语言

如果你能不加评判地跟孩子谈论玩游戏的话题，也能让孩子告诉你他为何如此喜欢玩游戏，你就可以进一步问他是否愿意跟你一起玩游戏。即使你对游戏毫无兴趣，也从未想过发展这一兴趣，但只要你们能坐在一起，共同走进孩子心爱的游戏世界，你们也一样会成为同一战线的战友。

如果你家孩子喜欢弹钢琴，或者参加了游泳队，我猜你一定听过很多场钢琴独奏，或者看过很多场游泳比赛，因为你想支持孩子发展他的爱好。现在，你同样也要支持孩子玩游戏。虽然你认为玩游戏与那些社会接受度更高的活动不是一回事，但孩子**认为它们是一回事**。他正在为自己热爱的事情而努力，而你也正在寻找与孩子的共同语言。这时，迎合他的兴趣就是非常有效的做法。

当然，你家孩子可能并不希望你进入他的游戏世界。部分原因可能在于，他担心你会在那里看到很多你不喜欢的东西，例如色情内容和乌烟瘴气的氛围。

对于这个问题，如果你愿意，你就可以先跟孩子聊聊，直接问他游戏里有没有他觉得会让你感到不舒服（或者他不想当着你的面看到或听到）的内容或语言。你要让孩子放心，只要不损害他的身心健康，你对此没有意见。你去那里是为了学习，而不是为了评判。

与孩子建立信任需要时间。几天是不够的，可能需要几周。另外非常重要的是，你对孩子的态度要前后一致。我建议你每周花大约一小时来做这种拉近距离的沟通。虽然你不必把这件事郑重地写进你的日程表，但你要做好随时与孩子沟通的准备。你越是能怀抱沟通（特别是倾听）的意愿出现在孩子面前，孩子就越能接受你的诚恳和开通。

记住，没人能一劳永逸地与别人建立起联盟关系，这种事无法一蹴而就。如果你初次尝试时效果很好，那么恭喜你。但你靠近孩子的过程还远远没有结束，你还得持续不断地付出同样的努力。你要让亲子沟通成为**常态**，这很重要，如此才能熟能生巧。

第6章

沟通的基本原则
如何走近孩子

我在上一章里谈到过，与孩子建立联盟关系和信任需要时间。我再次建议你尝试每周抽出大约一小时时间坐下来，平静而不带评判地跟孩子聊聊关于电子游戏的话题，加深对彼此的信任。不过，如果你没有时间来做这件事，或者尝试后效果不及预期——例如，你和孩子都觉得谈这个话题很痛苦，或者说不了几句又争论起来——那么你可能就得补补非暴力沟通的课。在这一章里，我将介绍一些行之有效的做法。

● 有效沟通的四个沟通技巧

我在医学院学到的一条重要原则是："有效治疗的前提是准确诊断。"换句话说，要想改变你与孩子的沟通方式，你首先就得搞清楚问题到底出在哪里。幸运的是，这并不困难，你只需掌握以下四种沟通技巧：

1. 开放式提问
2. 回声式反馈
3. 说出困惑
4. 从元视角看问题

●● 沟通技巧 1：开放式提问

之前，在评估孩子对玩游戏的认识时，我曾提及开放式提问对于打开沟通渠道和重获孩子信任的重要性。现在，你可以进一步了解什么是好的开放式问题，这样就能更有信心地用好这一技巧。

开放式问题无法简单地用"是"与"不是"来回答，也不预设答案。真正的开放式问题可以非常简单，例如："你喜欢游戏的哪些方面？"注意，这种简单的问题其实威力巨大，因为你不提惩罚，孩子就不会恐惧（恐惧会迅速浇灭孩子的表达欲望）。对收走游戏设备、断网等惩罚的恐惧会让谈话无从开启，更别提谈出结果了。

还要注意，我们这么问是在向孩子了解情况，也就是说，孩子破天荒地成了我们请教的对象。想想孩子是什么感受。从孩子降生到现在，我们一直在教孩子是非对错。可奇怪的是，孩子却常常抗拒我们的教导，特别是在孩子长大一些后。不过，如果我们能**引导孩子自己把问题搞清楚**，效果或许会出奇地好。这就是开放式提问能派上用场的时候。

开放式提问能**制造心理距离**，让孩子安心回应。在治疗成瘾患者时，我们常常会借助这一心理距离来谈论敏感话题。我们不会直接问孩子："你吸毒吗？"而是会拐个弯问："你们学校有人吸毒吗？"不指责，话才谈得下去。面对游戏成瘾，道理也一样。

好的开放式问题也不包含评判。如果你一张口就暗示孩子玩得太多了，那就是评判。你只需让孩子帮你理解他着迷游戏的原因。你可以用以下问题来破冰：

你喜欢游戏的哪些方面？

游戏玩家是什么样的人？你怎么看他们？

电子游戏到处都是，你在这种环境里是什么感觉？

你的朋友们都在玩什么游戏？

以及下面这些涉及敏感话题的问题：

你有没有朋友因为沉迷于游戏而苦恼？他们是什么情况？

如果你也有这种苦恼，把它说给我们听会不会有压力？我们怎么做能帮你减轻这种压力？

我们做的哪些事情让你不想跟我们说话？

面对你的疑问，孩子可能会回答："我玩游戏是因为游戏好玩。我现在还小，上班是长大以后的事。现在就应该开心地玩。"

压住你的火气。告诉孩子他已经很大了，不能只想着玩，这种说法是没用的。更好的回应方式是首先肯定孩子的话里有道理的部分，再引导孩子进一步讨论这个话题。例如："我明白你的意思。你现在 15 岁，我也希望你每天开开心心的。我只是有点好奇，为什么电子游戏那么好玩？"

如此回应能改善你与孩子的互动。你没有说孩子做得不对，也没有说他是个蠢货，或者让你不省心，而是在用开放式问题来引导他说出心里的想法，而非紧闭心门。

你还可以尝试下面这些不带评判的开放式问题，但不要一股脑地问出来，而是分散到几周里慢慢问。与孩子谈话要自然而然地逐步展开和深入，罗马不是一天建成的！

启发孩子思考的问题

以下问题能启发孩子对游戏的思考：

你喜欢游戏的哪些方面？

游戏为什么那么好玩？

你玩到哪里时觉得最开心？

游戏是一直都很好玩,还是也有不好玩的时候?

你能告诉我,你在游戏里什么时候最开心吗?

关于孩子价值观的问题

以下问题有助于你了解孩子的价值观:

什么事情能让你觉得特别开心?

你觉得你将来的生活会是什么样子?

你觉得生活里的哪些东西对你特别重要?

关于孩子自尊水平的问题

以下问题有助于你了解孩子的自我认同程度:

你觉得自己是游戏玩家吗?这个词是什么意思?帮我解释一下,游戏玩家是一群什么样的人?

你怎么看待你自己?

哪些事情让你觉得特别苦恼?

关于孩子线上朋友圈的问题

以下问题有助于你了解孩子在网上跟什么人打交道:

你在游戏里有哪些熟悉的人?

你们不玩游戏的时候也联系吗？

能跟我多说说他们吗？他们是做什么的？他们上班吗？

他们结婚了吗？

他们跟你差不多大吗？他们在上大学吗？

他们有什么兴趣爱好？

关于孩子如何看待自身社会角色的问题

以下问题有助于你了解孩子如何理解游戏与现实的关系：

游戏玩家要怎么做才能平衡游戏和现实生活？

游戏和现实生活之间有什么联系？

你怎么看待学校、课外活动等事情？

你在学习上和生活上有哪些困难？

是什么问题造成了这些困难？

要解决这些困难，你需要哪些帮助？

你怎么看待你在游戏上的时间分配？

关于游戏在社交方面对孩子的影响的问题

以下问题能鼓励孩子谈谈他的朋友：

你的朋友里有人玩游戏吗？

身边玩游戏的朋友对你有什么影响？

你最好的朋友是怎么看待玩游戏这件事的？

你的朋友里有人对游戏上瘾吗？你是怎么知道的？

如果你能用上面这些问题跟孩子搭上话，你或许就能进一步探究上网玩游戏和网上社交对他的影响了。你或许可以问孩子：有没有网友说过让你觉得不舒服的话？有没有网友让你感到担心，或者他们说的事情给你留下了很深的印象？

你可以提出更直接、更尖锐的问题，也可以更加深入地探讨问题，只是不要评判。别忘了，你的目的是与孩子拉近距离，了解信息，而不是教导他应该如何生活。

●● 沟通技巧 2：回声式反馈

要想沿着这一正确方向继续谈下去，你就不能只考虑如何提出好问题，你还得鼓励孩子放心地说出自己的想法，而不必担心受到评判。怎么做？运用回声式反馈。问太多开放式问题会让孩子觉得自己在接受审问，所以你要在其中穿插类似回声的表达，鼓励孩子讲下去。

回声式反馈很简单，可我们往往做得不好。它的做法是，**不管孩子怎么说，你都把他的意思复述给他听。**我知道这听起来有点奇怪，因为我们平时并不这样讲话。通常，我们总喜欢展现自己。例如，听到对方说"我最喜欢红色"，你往往就会回应："是吗？**我**最喜欢……"而不是："嗯，**你**最喜欢的颜色是红色。"

如果你们谈的不是颜色偏好，而是更严肃的话题，争论就容易产生。观点往往招来反驳，人生性如此。但要运用回声式反馈，我们就得打破这一习惯。

回声式反馈听着简单做起来难，原因是我们不习惯。如果有人向我们表达负面情绪，我们一般要么想帮对方解决问题，要么想安慰对方。如果那人是你的孩子，你的冲动只会更强。想象下面的情景。女儿来到你面前说："妈妈，我太丑了。没人喜欢我。我得一辈子孤单下去了。"这时，你的第一反应很可能是立即告诉她："谁说的？你很美。你会找到爱你的人的。你多可爱呀。我那么爱你。"

想安慰孩子并没有错，这是你爱孩子的自然反应，可这么做也没有真正接纳孩子。你其实是在告诉孩子，他的感受（例如前例中，女儿觉得自己丑或不可爱）是**错**的，这是对孩子感受的极大的不尊重。即使我们不同意孩子说的话，我们也得接纳而不是排斥他的感受。

在前文女儿说自己丑、不可爱的情景中，如果改用回声式反馈来回应孩子，我们说的话就会完全不同：

女儿：妈妈，我太丑了。没人喜欢我。我得一辈子孤单下去了。

常见回应：不，你不丑，所有人都喜欢你，你不会孤单下去的。

如此回应有安慰作用，却没有尊重孩子的感受。

回声式反馈：我听到你说，你觉得自己不可爱，没人喜欢你，你害怕找不到爱你的人。你肯定觉得特别孤单。

通常，你话音刚落，孩子就会回应你。你也可以用一个开放式问题来收尾，比如："是什么事情让你觉得这么孤单呢？"或者："你能不能帮我解释一下，你为什么觉得自己丑、不可爱？"这样谈话会更有可能继续下去。

下面，我们来看一则关于游戏的谈话示例：

你：你喜欢游戏的哪些方面？

这时，孩子可能不会说得太具体，而只是笼统地回答你：

孩子：我喜欢玩游戏，我想从早玩到晚。

这时，你会本能地纠正或批评孩子，比如：

你：你这样做会害了自己。

这里发生了什么？孩子说出了自己的想法，而你说他这样做不对,这样你们就形成了对立紧张的关系,这就是你们屡屡谈不下去的原因。

回声式反馈是这样的:

孩子: 我想从早玩到晚。
你: 嗯,听起来你唯一想做的事情就是玩游戏。

注意,在这里,你没有说出任何他可以反驳的话,而只是把他的意思重复了一遍。继续这样做。

孩子: 我喜欢玩游戏,因为上学太没意思了。
你: 嗯,听起来你觉得上学很没意思。你觉得游戏更刺激,是不是?

或者:

孩子: 除了玩游戏,别的都不好玩。
你: 嗯,看起来很多事情都提不起你的兴趣。

在这里,你可能觉得你得说一些话来引导孩子,但通常没有必要。只要你继续如此回应,一边听,一边附和,变化就会出现:孩子会开始觉得你听懂了他的话,会觉得你理解他,关心他。这就是所谓的"情感接纳"。孩子越是能感受到这种接纳，他大脑里的恐惧中心——杏仁核就越是活跃不起来。你没有提到任何值得他害怕的东西，是不是？你既没有反对他，也没有威胁他。你们不再处于对立紧张的关系，而是站到了一起，因为你理解他。你越是这样做，孩子就越是觉得自己的感受得到了接纳，也就越有可能认真听你讲话。

●● 沟通技巧3：说出困惑

在运用开放式提问和回声式反馈几周后，你可以接着尝试下一个沟通技巧——说出困惑。做父母的都知道，孩子常常会说一些不合逻辑或明显错误的话。我们本能的反应是立即指出孩子的错误。我们想纠正孩子，让他知道他说得不对，可这样做不仅无效，还会引发抗拒和争论。这种事你多半遇到过。

为了让谈话继续下去，你可以尝试说出你的困惑，提出你的疑问，而非直接反对。

我常对成瘾患者使用这一沟通技巧。例如在面对酒精依赖患者时，我开始往往会这样说：

我： 你身边的人好像很担心你喝酒的问题。
患者： 没有，这其实不是问题。

我不跟他争论，只是说出我的困惑，提出疑问。不评判，也不反对。

我：嗯，那么请告诉我，你来这里做什么？
患者：我家里出了点问题，我妻子对我不满意。我的工作也出了点问题。
我：嗯，工作上的问题是什么？
患者：上司觉得我在喝酒这件事上有问题。

这时，我又要说出我的困惑了。

我：我有点想不通，如果你没有问题，为什么你提到的人都认为你有问题？而且如果你没有问题的话，那我们此刻在诊室里做什么？

这时，我的患者往往会开始透露更多的细节和具体事例，这样我就可以有的放矢了。

在跟孩子谈论游戏时，道理也一样。如果孩子的话不合逻辑或明显错误，不要反驳他。首先，你要给他机会做出解释。例如这样回应孩子：我不太明白。通常，你这么说会迫使孩子给出一个站不住脚的回答。如果是这样，你就可以继续就此表达你的困惑。

说出困惑和寻求解答是让孩子放下戒备的利器。他会发现，你并不是要惩罚他或拿走他的东西,而只是想更多地理解他的想法和感受。

孩子: 我只想玩游戏。

你: 好,我理解了,你现在只想玩游戏。高中毕业以后,你有什么打算?

在这里,你接纳了孩子的想法,同时也引导孩子思考现实问题。

孩子: 我想上大学。

你: 你想上哪一类大学?入学概率有多大?

孩子: 我不担心。我会处理好的。我会解决这个问题的。

这是一种常见的防御性回答,即哪怕他知道他说的话不合逻辑,他也不承认自己有问题。这时,你就可以就此说出你的困惑了。你不反驳他,但你能促使他理清思路。

你: 会顺利解决吗?我有点担心,也有点不明白,你能说说你是怎么打算的吗?

重要的是,不要指责。装作你真的不明白,也许孩子确实另有盘算。

孩子：我稍后会解决这个问题的。

还有，不要逼问孩子太多。如果你能用这样的方式说出你的困惑，那么孩子通常会很快理解你的意思。

你：你说你会解决这个问题，我有点不明白，你打算怎么解决呢？

如果孩子沉默不语，那就说明谈话的目的已经达到了。

别忘了，如此沟通是为了让孩子卸下防备，引导他与你交谈。因为倘若没有交谈，孩子就不会听进你讲的任何话。

表达困惑，真心去探究孩子的想法，让他解释给你听。你一边说出你的想法，一边借此引导孩子反思自己话语中的漏洞。

●● 沟通技巧 4：从元视角看问题

跟孩子谈论玩游戏的话题是很难的。我们在前面提到过，孩子通常知道自己可能有问题，或者自己有事情没做好，但他不愿意承认这一点。他会竭力避免考虑或谈论这件事，强迫他承认只会让你遭遇重重阻力。

你感到十分费解：问题如此显而易见，他怎么会看不到？你对此既惊讶又担心。为什么会这样？因为孩子在竭力**逃避**问题。于是，孩子要么回避一切涉及游戏的谈话，要么谈来谈去也只是跟你兜圈子。

谈论敏感话题时，如何打开孩子紧闭的心门？暂停讨论话题的细节，转而从更高的元视角看问题。

这时，你不再谈论琐碎的细节，不再关注话题本身。你开始反思你们的沟通模式，而不再纠结于谈话的内容。

切换到元视角时，多使用"发现"或"注意到"这类词汇：

喂，你有没有发现，我们一聊到游戏就会不愉快？
你有没有注意到，每次我提到游戏，你都会离开房间？

从元视角看问题也是你反思自己的良机。

你有没有发现，每次谈话，我总是把话题转到玩游戏对你多么有害这一点上？

接着，再提一个好的开放式问题：

我每次说起游戏的时候，你是什么感觉？

你会发现，察觉你们谈话中的对立与紧张并且指出这一点意义非凡。这么做能为你们创造沟通的契机，因为你们可以绕过敏感话题，不再直接讨论它，而只是探究为什么这个话题如此敏感。

如果你与孩子关系紧张，无法立即缓解，你们就会本能地逃避造成紧张的问题。而从元视角看问题时，你们不再争论话题本身，而是努力从更高的角度、超脱地审视这种紧张。

这里并不包含任何评判的意味。我们不是在寻求某种简单的办法来解决所有问题——喂，你不该用那种态度对待我，或者我不该用那种态度对待你！我们只是如其所是地接受当下的情形，并留意它。

不论谈什么话题，重点都是超越谈话本身，转而讨论<u>沟通模式</u>。谈不下去时，你可能会觉得双方的亲密感和谈话的契合度都在倒退。但从元视角看问题却能促使你去面对孩子的抗拒。毕竟，如果双方都觉得自己是对的，话就会谈不下去，谁都无法从中获益。

从元视角看问题既能让你们从安全的距离讨论敏感话题，也能让你们反思彼此间的沟通模式并做出相应调整，而非在具体问题上挑剔对方，屡屡引发争论。

从元视角看问题还能促使你展现出你柔软的一面，也让孩子有机会用同样的方式来回应你。你们遇到了困难，而谁都没有太好的解决办法。承认这一点非常有意义，因为这么做能帮助你们打破僵局。这样一来，你们就得齐心协力寻找解决方案，即使你们俩都不清楚到底该怎么做。

此外，如此示弱也能让孩子学到：没有人无所不知。我们面临着共同的问题。虽然我们此刻都不知道该怎么办，但我们一定会找到办法，一起把问题解决。

● 让谈话进一步深入

假设你已经运用开放式提问和回声式反馈好几周了，也就游戏话题跟孩子聊过好几次，那么估计你已经初步赢回了孩子的信任。他开始认为，与你聊游戏并不会导致争吵、限制加码或受到惩罚。他也开始能够说出一些心里话。这一过程可能需要数周或数月。如果进展慢于预期，那就放慢节奏。不要着急，继续一如既往地努力，抓住机会与孩子交谈。只要你多多陪伴孩子，愿意学习和倾听，孩子早晚会向你敞开心扉。

这一天到来后，你还可以稍稍加些力道，尝试谈得更深入些，了解更多信息。你可以问一些更加敏感的问题，例如游戏的坏处：

你觉得玩游戏有什么坏处？
为什么这些不好的影响很难消除？

这样做有两大好处。首先，你会发现孩子真正看重什么。研究早已发现，结合孩子看重的东西来治疗成瘾等问题行为能显著提升疗效。

其次，孩子对这些重要问题的回答也很有可能揭示出他最关注游戏的哪些方面。这一点很重要，因为限制要从抵抗力度最小处做起，最后再啃硬骨头。要做到这一点，你首先就得搞清楚哪里容易，哪里困难。

这样更加深入地谈过几次后，你或许就会了解以下信息：

- 孩子的兴趣和价值观
- 游戏是如何带给孩子快乐的
- 游戏在社交方面对孩子的影响
- 游戏中最无趣的部分
- 孩子对自身玩游戏行为的反思

只有掌握所有这些信息，你才能开始给孩子定规矩。操之过急容易失败，就算成功也会伤害亲子关系。而如果你已经知晓该如何与孩子联手和沟通，成功的概率就会直线上升。

● 给孩子更好的选择

我们在前面谈到过，游戏能为孩子提供难度适中的挑战，这是现实生活中少有的东西。实际上，很多沉迷于游戏的孩子都非常聪明。他们学东西很快，学校的教学内容常让他们感到无聊。游戏还能让他们拥有掌控感。他们能决定自己在游戏里做什么，这很吸引人，因为大多数青少年对自己的生活并没有多少控制权。他们没法选择上不上学、住在哪里。但是在游戏里，他们却是游戏角色的主人，可以为所欲为。你拿什么与游戏竞争？

我在前面提到过，我有一些酒精成瘾患者。在帮助他们控制问题行为的过程中，我深知我必须激发他们对其他事情的热情。致瘾物质能带给他们快乐，消除痛苦，你如何要求一个人放弃这样的东西呢？这真的很难。我们看看那些成功戒瘾的人，起关键作用的往往并非意志力，而是他们有足够的理由这样做。

面对这类患者，只告诉他们"这样下去会得胰腺炎或肝癌"是不够的。恐吓很少奏效！

这时，我往往就得借助他们真正关心的事情来晓之以理了。例如："你的婚姻已经很危险了，你不想为此做点什么吗？"或者："你的孩子们现在非常怕你。你想回到从前跟他们其乐融融的日子吗？"一旦我们把治疗关联到患者**真正关心**的事情上去，我们就有了与"瘾"战斗的武器。

我认识的一个玩游戏的孩子告诉我，他是在 8 岁左右迷上游戏的。我问他当时还发生了什么事，他提到了在学校做数学题的经历。他很快完成了习题，走到教室前面交给老师，并且询问接下来要做什么。老师却告诉他，今天的题目已经做完了，他可以坐下来等其他同学完成，大约 15 分钟后会讲解答案。第二天，他们继续做数学题,他再次不到 10 分钟完成并交给老师,并且询问接下来要做什么。而老师也再次告诉他,其他同学还没有做完,你得坐下来安静等待。

毫不奇怪,他开始感到无聊了。与他交谈让我恍然大悟——老师的进度难免会让聪明的孩子感到无聊。

然而,游戏的进度却只取决于玩家。如果你过了第一关,那么你不用等到下一周再去挑战第二关,第二关**即刻就绪**!假如你多次无法过关,你也不用担心,你还可以继续尝试,不会有任何损失。

换句话说,游戏满足了孩子的一大需求——与其能力相匹配的挑战。身为父母,你不仅得帮孩子理解为什么不能再这样玩下去,不然会造成什么后果,还得帮他找到比游戏更重要、更能带给他成就感,并且有足够挑战性的事情。

做父母的通常都会尝试让孩子去做"对"的事情,比如上大学、取得好成绩、参与丰富的课外活动和志愿服务等。但孩子缩减游戏时长的动力不可以来自你,而必须来自他自己。因为,他可能尚未完全理解沉迷于游戏的后果,他顺从你并不代表他发自内心地认同你。

你不能为孩子提供缩减游戏时长的理由,因为这是你的理由,不是孩子的理由。但如果你能帮孩子找到**他自己**这样做的理由,他就极有可能会成为一个健康的游戏玩家。

我最近有位游戏成瘾患者,他在读高中二年级,可学校的课程让他感到兴味索然，他喜欢的是科技，特别是新兴人工智能的应用。于是，我和他的父母建议他去附近一家人工智能科技初创公司实习。不出所料，他非常喜欢这一提议。得到实习机会后，他也非常喜欢去那里。那里有一群非常聪明的人陪伴他，还给他机会展示自己的才华，这使他备受鼓舞。不过要注意，我们的这一提议并非空穴来风。我们问过他对什么事情感兴趣，他说人工智能很有意思，所以我们才依照**他的兴趣**顺水推舟。

传统的学习环境无法激发这个孩子的学习热情，但这家人工智能公司的新环境却可以。如果你家孩子对学校教的东西不感兴趣，那么你如何才能用契合他心智特点的东西来吸引他？他的兴趣在哪里？

> 如果你家孩子对学校教的东西不感兴趣，那么你如何才能用契合他心智特点的东西来吸引他？他的兴趣在哪里？

有时，过度沉迷于游戏的孩子根本想不出比游戏更有意思的东西。这种情况非常普遍。所以，即便孩子说"我想不出来"，你也无须灰心失望。一定不要掉进孩子想不出就为他提供现成答案的陷阱。这时，你要拿出开放式提问的技能包，问他除了游戏别的事情都没意思是一种怎样的体验。仔细倾听他的回答，这或许是你深入了解孩子生活状态的绝佳机会。

说完关于无聊的话题后,继续鼓励孩子回忆,过去他拥有其他兴趣爱好的时候又是一种怎样的体验?他曾经喜欢过什么?当时是什么让他感到快乐?我们关注的不是具体的细节,而是孩子的感受,即他过去做喜欢的事情时是什么心情。也许,这么做能帮孩子找到他当下缺失的某种感受,并为你们再次找回这种感受带去启发。

你也可以发挥创造力,换一些问法或用词来问孩子。例如:

你觉得做什么事情特别酷、特别帅?
有什么事情能让你觉得特别兴奋?
你觉得我们现在生活的世界最大的问题是什么?

最后这种问法特别适合用来问青少年,因为他们很喜欢评判这个世界——他们很可能对政府、企业、环境,当然还有你的养育方式,怀有许多不满。如果你问孩子这个世界有什么地方需要改变,你可能就会打开他的话匣子。这是一件好事,因为你已经把他的关注焦点从虚拟世界转移到了现实世界。

接下来,你就可以继续问孩子,为了解决他看到的问题,他认为他可以做些什么,以及如何参与其中。这么问很重要,这样就能**让孩子挑起重担**(这很像我们接下来要介绍的"把问题丢给孩子"的策略)。

不要给孩子提供现成的答案，而应引导他关注自己感兴趣的事情，并且与他一起探讨如何让他更多地参与其中。孩子确实遇到困难时，你可以问他是否需要帮助。这么做能让孩子认识到，现实世界并不是一个他无力改变的地方，而是一片他可以有所作为的天地。这种话题谈得越多，你就越能把孩子从虚拟世界拉回现实世界。

● 现在你可以表达你的看法了

当你尽最大努力与孩子结成联盟关系后，就轮到孩子扮演倾听者的角色了。在与孩子联手这一步，你不必急于求成。只有当孩子确实觉得自己得到了你的倾听和理解时，你才能开始表露你的观点。我们谈到过，如果孩子再次开始与你交谈时，他确实觉得你理解他，并且认为你可以信赖，那么这就是很好的迹象。在你努力与孩子联手的一个月或更久的时间里，你们能经常心平气和地交谈吗（中间可以有间断，这很正常）？如果是这样，那就很好了。

当你和孩子都已准备好迈出下一步时，先借此机会感谢孩子此前向你敞开心扉，让你了解了他所看重的事情。接下来问问孩子，他是否愿意听听*你*到底看重什么。换句话说，既然你已经认真听取了他的想法，那就问问他是否也愿意听听你的想法。如果你已经与孩子建立了紧密的联盟关系，他此时就会愿意了解你的想法。

最重要的是，你要告诉孩子，你愿意与他共同努力来满足他的需要，找到能够使你们不再为游戏而争吵的解决方案。首先提醒孩子，你身为父母肩负着许多责任，其中最重要的责任就是让他做好应对现实生活的准备。

如前所述，父母应尽量结合孩子的价值观来养育孩子。如果你发现孩子因为游戏玩得好而赢得了尊重，那么在说到你的养育目标时，你就可以提及这一点。例如："你好像很看重朋友对你的尊重。我也很看重这一点。而且，能够获得朋友尊重的事情有很多，我都鼓励你去做。"

接下来，跟孩子谈谈你所信奉的其他重要价值观。你可以简单说说你看重什么，例如归属感、家人之间的亲情，或者成功的某种评价标准。鼓励孩子提问，让他更好地理解你。你可以不时停下来，询问孩子对你刚刚谈到的价值观有什么看法。

在这一步，你要努力达到以下目标：

- 告诉孩子（最好能让孩子赞同你的观点），有些事情是必须完成的，你们可以一起列出这些事项。
- 提醒孩子，你并不是不让他玩游戏，尽管你这样做过，但目的也只是为了帮他实现特定的目标。
- 明确告诉孩子，你喜欢与他朝着共同的目标一起努力，而非单方面做出改变。
- 最后，你还要告诉孩子，你希望你们能一起努力，找到既能让他做好该做的事，又能<u>尽量节约</u>时间和精力的方法。争取让孩子亲口赞同这一点，这会非常有用。

下面是一些谈话示例：

你：谢谢你！我真的很感谢我们过去一个月的交流。我一直在努力跟你了解情况，这让我对你玩游戏这件事的认识变得清晰了很多。我想我现在明白了，你玩游戏的原因是X、Y和Z。对吗？

你：现在，我也有些想法想告诉你。你想听吗？

等待孩子回应你"想"。如果你已经与孩子建立了紧密的亲子联盟，他就很难拒绝。现在轮到你来表达看法了。

你：我觉得这些价值观非常重要：A、B和C。我知道，你非常想跟你的朋友们一起玩。我也认为，拥有健康的人际关系非常重要。不过我担心的是，一直和朋友玩游戏和拥有健康的人际关系还是有些不一样。

你：你跟我说过，你不太想做D、E或F（例如去树林里散步，去附近的公园玩，加入国际象棋俱乐部）。我在想，我们要怎么做，你才能跟现实中的朋友玩得开心，同时又能跟游戏里的伙伴保持联络？

● 把问题丢给孩子

经过一系列的沟通——你倾听孩子的想法并肯定孩子的感受，孩子也倾听你的想法——你们最终能确定至少一个共同目标。也许这个目标很简单，比如"我们都不想再为了玩游戏这件事而争吵"。或者你们都同意，他应该重新与现实生活中的朋友们一起玩。无论具体目标是什么，你都要确保孩子认为他自己在这当中扮演着关键的角色。要做到这一点，最好的办法就是让孩子自己找出解决方案。没错，我是认真的。这其实是一条非常有效的策略——我称之为"把问题丢给孩子"。

由于大多数父母本来就是解决问题的高手，所以你家孩子过去可能并不需要做太多事情就能实现他的目标。比如，孩子想弹钢琴，你就为他物色钢琴老师，约课，并且开车送他去上课。几乎所有课外活动都是这样，不是吗？现在，孩子逐渐长大，你就得兼顾他对独立的渴望，并且真正开始去满足这一需求，特别是在玩游戏这件事上（独立性是孩子非常想要的东西，而玩游戏已经给了他这种感受）。你不必再帮他解决所有问题！

我的目标是帮助你的孩子独立，让孩子能够在玩游戏这件事上做到自我管理。培养孩子独立性的要点之一就是让他自己提出解决方案。

父母们通常对这件事不太擅长。很多时候，一旦孩子在学校表现不佳，父母们便会立即冲上去帮孩子解围。我小时候就有这种经历，很可能还不止一次。比如，我告诉父母第二天要交美术作业，而这份作业已经布置两周了。我慌了神，就告诉父母，我需要画笔来完成美术作业。为了不让我挨批评，父母深夜丢下所有事情，带我出去买画笔。接着，他们又熬了两个小时帮我完成作业，结果第二天早上全家人都疲惫不堪。也许你家里也上演过类似的一幕。

认真想想。在这种情况下，我的父母强化了我的哪些认识？

- 我犯了错，没有完成作业，却不会受到惩罚。
- 我可以拖到最后一刻才把事情告诉父母。
- 父母总是会放下一切来为我解决问题。

只需问孩子几个问题，你就可以把问题丢给他。

你：这份作业是什么时候布置的？

孩子：两个星期前。

你：我有点搞不懂，你为什么现在才告诉我。

孩子：我忘了。

你： 你觉得你提前多久让我给你准备做作业用的画笔是合理的？

你要怎么做才能避免这种事再次发生？

老师再留作业的话，你打算怎么做？

你怎样才能这样一直保持下去？

想一想，如何把同样的做法运用到检查家庭作业上。许多父母每晚都要检查孩子的作业，只要孩子说可以检查作业了，他们就会立即丢下手里的事情去做这件事。正确的做法是，你要把一些责任交还给孩子。

我下午5点到家，6点必须开始做饭，7点开饭，然后大约8点半收拾完毕。按照我们的约定，我只能在方便的时候检查作业。那么要几点检查呢？我们说过，只有作业做完，并且检查过了，你才能开始玩。所以我觉得我可以在每天下午5点15分检查作业，这样你就可以在5点半开始玩。可要是到了5点15分你还没有写完怎么办？那么下一次检查的时间就是8点半。明白了吗？

这里的关键是，**不要**单纯为了短期结果而把责任大包大揽。该怎么办？**丢给孩子**。

我周六早上没空给你检查作业。你周六想玩的话，周五就得把作业写完，你打算怎么做？

一旦你和孩子在他想要实现的目标或想要学习的技能上达成一致，其余的事就可以丢给他了。没错，你只需告诉他，他得自己去想如何实现，想好了就告诉你。

你怎样才能制订出一份可行的计划，让你把平均成绩保持在 B 的水平？你想想，把所有步骤列出来，让我能看明白，怎么样？

这件事看似复杂，但你只要想想就会知道，这其实是所有游戏玩家的拿手好戏，他们非常善于在既定的规则框架内找到解决方案。电子游戏就是这样，规则是确定的，玩家必须充分发挥创造力才能找到解决方案。因此，你要调动孩子的这一优势来帮他达成目标。因为电子游戏自身的原因，游戏里的规则是没有回旋余地的。但是，你却能在为孩子提供规则框架的同时给他一定的自由，使他能够在合理范围内灵活调整，达成他想要的结果。把问题丢给孩子有助于培养他的独立性，促使他更加主动地去寻找适合自己的调整方案。

相信我，比起你为孩子提供调整方案，"这是目标，你去想办法达成"的效果要好得多。你这样做也是在告诉孩子，他有能力自己解决问题，无须他人代劳。孩子仿佛听到你在说："你不必照我的样子做,只要达成目标就好。"进而产生主动性。

> 你这样做也是在告诉孩子,
> 他有能力自己解决问题,
> 无须他人代劳。

我知道,大多数父母很难放手让孩子去寻找调整方案。我也理解,你很可能迫切想要看到孩子真正改变,你很可能也非常清楚最快的调整方案是什么。忍住不说很难做到,但这一点至关重要。耐心是美德。你家孩子并不会因为你要求他做什么而改变,他自己的调整方案才更有可能实现持久的转变。

不要催促孩子快速提出达成共同目标的调整方案。你只能询问他打算什么时候告诉你。比如:"你想什么时候再跟我说说你的调整方案?"要知道,头脑风暴和迭代调整方案的过程可能需要好几个小时,所以你可以给孩子几天时间来考虑,但也不要等太久。你最好能在确定共同目标后的一周内得到具体的调整方案。

在等待孩子提出调整方案的同时,你也不要停止先前那些收效显著并且意义重大的努力。继续运用你在这一章学到的沟通技巧,比如提出开放式问题和运用回声式反馈。这么做将能使你更加顺利地走过纠正孩子游戏行为的下一个阶段——为设立游戏规则做准备。

第 7 章
为设立游戏规则做准备
让孩子的生活井然有序

读到这里,你已经学到了很多,例如游戏的特点、游戏对孩子大脑的影响,以及游戏如何满足了孩子的多种需求。你也进一步理解了自己,例如你为何如此担心孩子沉迷于游戏,以及该如何通过关爱自己来帮助孩子。你也知晓了如何与孩子谈论游戏话题,如何与他并肩携手,以及如何倾听他的声音。但愿孩子也已经开始理解你的这片苦心。

不过,谈话终究要转化为行动。父母们都关心一个问题:我怎样才能让孩子不再玩那该死的游戏?换句话说,我何时才能在这件事上为孩子设立规则?

我们就要谈到这一步了!本书的第三篇谈的就是设立和执行规则的具体细节。不过,为了让这一步走得更扎实,我们还得做一些准备工作。

● 让生活井然有序

自由散漫、缺乏条理的生活习惯是沉迷于游戏的温床。

玩游戏的人常常喜欢拖延，如果没有必须做的事，就用游戏来填补空缺。我有些二十几岁的游戏成瘾患者，他们在大学里就是游戏迷，毕业后玩得更凶了。告别了有序的校园生活后，他们立即陷入了混乱。他们玩游戏的时间迅速增加到了每周50小时、70小时，甚至100小时。

你能为孩子做一件非常重要的事，那就是为他的生活建立秩序。我知道，这似乎与我先前谈到的培养孩子独立性的观点有些冲突。没错，孩子长大一些后，你确实应该给他更多自由。毕竟，如果你家孩子已满17岁，他说数学作业已经写完了，你就应该相信他。他17岁了，不是7岁，他的时间应该更多地由他自己来支配。可如果他花了太多时间玩游戏，你或许就得把他看作7岁而非17岁的孩子，并且与他一起努力，为他的生活建立秩序。

当然，这样的秩序并不容易建立。孩子们很聪明，有些甚至非常狡猾。我辅导过的一对父母决定借助一些物理手段来解决孩子沉迷于游戏的问题。他们把游戏机搬到客厅，以便在白天监督孩子。临睡前，他们还会把电源线锁进酒柜，并拿走钥匙。他们以为这样就解决了问题。

猜猜接下来发生了什么。这个孩子通过视频网站学会了如何开锁，接着每天夜里偷偷溜进客厅，打开酒柜门锁，为他心爱的游戏机接通电源。许多个夜里,他都会在客厅玩到凌晨五点,接着物归原处,回去睡觉!毫不奇怪的是,他的父母早上发现很难叫他起来上学,因为他每晚只睡两三个小时。

一天夜里,这个狡猾男孩的妹妹睡不着觉,半夜下楼去喝水,却意外发现哥哥在玩游戏,事情才败露。这时夫妇俩才意识到,问题根本没有解决。关键在于,这对父母并不是在帮助孩子为他的生活建立秩序,而只是单方面实施限制,因为他们从未与孩子建立起信任和联盟关系。因此,在设立游戏规则前,先与孩子联手非常重要。

如果未能结成亲子联盟,你和孩子就是彼此对立的双方。不管你定什么规矩,他都会想尽办法绕开。

这对父母这样做的另一个问题在于,他们只是想让孩子玩不到游戏。他们想为孩子的生活建立秩序,却没有与孩子一起做这件事。帮孩子建立秩序是一种**生活规划**,不是管教手段。

我们来看看,你可以怎样从自身做起并规划好全家人的生活。

●● 先让自己的生活井井有条

首先审视自己的生活是否井井有条。假如你自己的生活乱糟糟的,你又如何能规划好家人的生活呢?假如你每天回家忽早忽晚,你又如何让孩子在你"到家前"写完作业呢?假如你的日程安排充满变数，你又如何能据此规划孩子的生活，并且期望他的生活变得井井有条呢？父母生活失序是孩子沉迷于游戏的重要原因。

上梁不正下梁歪，你要先给孩子带个好头。跟家里的其他事情一样，如果你想让孩子规律作息，按时吃饭，定期与家人共度一段时光，你就得率先垂范！要为孩子设立游戏规则，你只能在家中现有秩序所能允许的范围内进行。所以，你要开始关注家人的日程安排，并做好记录。

考虑以下问题：

你的生活有条理吗？
家人的生活有条理吗？
全家人同时起床吗？
全家人有相对固定的时间陪伴彼此吗，还是全看机缘？
全家人会一起吃饭吗？几点吃？

你不必追求完美，保持灵活也很重要。但要想让每位家人都生活得更有条理，所有人就得共同认可一套相对稳定的日程安排，这非常重要。你不能直接告诉孩子，你要他在特定时间停止玩游戏并开始做作业，你首先得确保这个"特定时间"契合全家人的日程安排，并且你到时能够在孩子身边监督他。

●● 针对游戏机会建立秩序

我们都听说过，不能在床上看电视，或者在床上用笔记本电脑工作，否则会打乱睡眠节律。因此，帮孩子区分学习区域和娱乐区域是很重要的事。

要想在游戏机会方面帮孩子建立秩序，你可以考虑以下问题：

孩子一般在哪里玩游戏？

孩子的房间里是否有游戏设备？

孩子的游戏设备是否放置在客厅？

如果你规定晚上 11 点后不能玩游戏，但孩子的房间里有游戏设备，那么你睡着后会发生什么？

孩子需要用电脑做作业时怎么办？

现在，请改变一些做法。研究发现，把游戏设备放到公共区域而非卧室能让孩子的游戏时长减少约 33% ~ 50%，而严格区分写作业用的电脑和玩游戏用的电脑则能有效减少孩子在学习时偷玩游戏的时间！

即使做不到专机专用，你还是可以让孩子分别使用不同的账户来学习和玩游戏，这么做同样方便你监控他的游戏时长。此外，你还可以让孩子在他平时玩游戏之外的地方写作业，例如让他放学后先去图书馆，写完作业再回家。

这里的关键是，你要让孩子从身心两方面离开玩游戏的环境。我发现，这一点对大学生也非常有效。我建议他们离开宿舍去图书馆学习，完成学习任务后再回去玩游戏。

如果孩子去图书馆不方便，家里也没有专门的学习区域，你也可以尝试让孩子携带电脑，找个他平时不会在里面玩游戏的房间写作业。只有完成作业，他才能带着电脑回到他平时玩游戏的地方。

当然，孩子可能会找到漏洞，绕过空间或技术上的限制，例如前面那个半夜溜下楼玩游戏的孩子，所以我才强调要与孩子联手，好让你家的小机灵鬼能够与你合作而非对抗。同时你也要理解，孩子的大脑还没有发育成熟，无法控制冲动，因此你得帮他建立能够推动他获取成功的生活秩序。

●● 针对游戏内容建立秩序

你若不想让孩子玩特定种类的游戏，可以尝试采取以下措施：

- 鼓励孩子跟朋友一起面对面地玩游戏，即把朋友请到家里玩，这种游戏形式通常比让孩子独自上网玩更健康。
- 利用电脑或游戏设备的家长控制功能，对特定应用或游戏做出限制。另外，手机或电脑里的屏幕时间管理软件，以及能在孩子上学或睡觉时段强制禁用特定程序的软件，都能让孩子了解他在某款游戏上花费了多少时间。
- 利用电脑或游戏设备的家长控制功能来限制特定类型游戏的开启。这样的功能对年幼的孩子尤其有用。

这些软件是你与孩子联手实现共同目标的重要工具。在理想情况下，你应该已经为设立游戏规则做好了计划，而科技手段则可以充当确保孩子不会越界的"保险绳"。不过，它们只是配角，你不能依赖它们。

针对游戏时间建立秩序

你也需要帮孩子在游戏时间方面建立秩序。例如，许多孩子都有"再来一局"的想法，若不制止，孩子就可能一直玩到半夜。据估计，1/3 的高中孩子经常玩游戏到零点之后，而我认识的大多数父母根本待不到那么晚，无法确保孩子没有在夜里玩游戏（可以借助防火墙设置解决这个问题）。如果你在特定时段禁用游戏设备的网络连接，他就无法不受限制地上网玩游戏了。

理想情形是，孩子放学回家后立即写作业，把该做的事做完，然后才去玩游戏，但现实情形并非总是如此。我们都知道，孩子一旦玩起游戏来就很难放下。可如果游戏只能在做完所有事情后才能玩，孩子就会成为解决问题的小能手。不管是什么事情，只要是他必须做的，他都会迸发出极大的动力去完成，好让自己能打开游戏机,美美地玩上一通。如果赶完作业能多玩一小时游戏,他的效率会让你惊掉下巴!

如果你家孩子不想立即坐下来做作业,例如他说放学后想先放松一会儿再写作业,你就得确保他能说到做到,然后才能同意他的要求。

例如此刻是下午 5 点,你要求孩子关掉游戏,开始写作业,他能立即关掉游戏吗?如果不能,你就得改变这种效果欠佳的日程安排。你或许可以允许他放学后先放松,但游戏例外,并且将玩游戏的时间尽可能推迟。如果孩子完成了你们共同商定的待办事项,他才可以打开游戏。游戏应该是一种奖励,是你和孩子都喜闻乐见的东西,因为该做的事情已经完成了。

最后你还要注意:孩子可能会在**别人家里**找到大玩游戏的机会。虽然你管不了别人家里的事,但假如你怀疑那家的大人对孩子太过宽松,你就不能让孩子在那里玩太久。

● 大自然来帮忙

我们知道,孩子的情绪状态和面临的压力是他们玩游戏的重要动因。游戏能让孩子短暂逃离现实,进而帮助他们纾解悲伤或焦虑等负面情绪。我们也知道,孩子玩游戏花费的时间越多,他就越会依赖游戏。因此,只要能让孩子与游戏保持距离,他对游戏的依赖就会减轻。接下来，我们将讨论如何让孩子走出家门。

研究表明，当人与手机处于同一房间时，人的主要压力激素——皮质醇的水平会提高。即使你的手机开了静音模式，并且放在房间另一端的桌子上，你所承受的压力也会比你把手机放到其他房间要大。即使你没有在使用手机，你的大脑中的某个区域也仍然在思考着它。科学证明，这种精神损耗会使大脑疲劳，妨碍人专注地学习和工作，因为专注需要一定的意志力。可以说，电子产品会不断地消耗我们的意志力资源。

因此，仅仅关掉游戏是不够的，你还得让孩子走出家门，从物理空间上远离他的游戏设备，这对孩子非常有好处。我在医学院里学到，我们的小腿肌肉是我们的"第二心脏"，只要我们收缩小腿肌肉，它们就会自动把血液泵回身体。走路能增加大脑的血流量，帮助大脑排出各种有害代谢废物，其中不乏与药物滥用和游戏成瘾等问题行为相关联的物质。

晒太阳本身就有许多益处。首先，晒太阳能调节我们的昼夜节律，白天晒太阳有助于让我们在晚上感到困倦。此外，晒太阳还能促使我们的身体合成维生素 D，这种物质能预防抑郁症，让人精神饱满。

一些有趣的研究探讨了多接触大自然对人的影响。这些研究发现，植物能分泌多种具有挥发性的有机化合物，它们能通过人的嗅觉来减轻我们的焦虑，改善我们的情绪。因此，如果孩子能在户外感受大自然的气息，他们可能就不会那么依赖用玩游戏的方式来逃避现实中的问题了。焦虑和抑郁减轻后,孩子对游戏的依赖就会降低。所以,我们不能忽视大自然对孩子心理健康的巨大益处!

尽量每天都让孩子到户外去玩耍。时间先短后长,逐步增加,至少要达到每周 5 小时,将来还要远远超过这一时长。这种循序渐进的做法能引发一系列积极的连锁反应,让孩子逐渐远离电子游戏。

不久前,我们在"健康玩家"社群发起了新的挑战活动,主题是"触摸草地"。我们鼓励互联网上的玩家们去户外活动。这次挑战为期 1 个月,参加者通过提交自己参加户外活动的照片来获取积分。这里的户外活动可以是在公园里散步、到河里游泳,或者摘水果等。来自 118 个国家的 1 万多名玩家参与了这项挑战。

我们认真评估了参与者的活动情况,以及他们在其中的感受。我们询问他们是否喜欢这些无关电子游戏的户外活动,几乎所有参与者都给出了肯定的回答。

我们也询问他们有没有在活动期间与游戏里的网友联络过,他们再次给出了肯定的回答。这说明,虽然游戏时长缩短了,但他们在网上建立的友谊并没有因此而受到影响。

最后,我们问他们是否希望他们当时是在玩游戏而不是在户外活动,几乎所有人都表示不希望。这标志着,这项挑战活动取得了巨大的成功。

总体来看,参与者的问题游戏行为减少了,对有些参与者来讲甚至是显著减少。他们仍然继续玩游戏,但也能避免让自己沉迷其中。

孩子们似乎很喜欢在昏暗的房间里玩游戏,如何让孩子走出房间,投入大自然的怀抱呢?

首先,你要**陪伴**孩子到户外去。多安排一家人到户外活动,例如遛狗,在院子里投几次篮,或者骑车去买冰激凌。如果这些选项不现实,你还可以尝试把孩子的学习或休闲区域设置在靠近窗户的地方,这样孩子至少能看到外面的树木或绿色植物,并且从中受益。

即使全家人每天只能一起散步半小时,假以时日,实质的改变也会发生。别忘了,就算你只把前进的方向改变一点点,等到10小时或10天后,你到达的地方也会完全不同。

第三篇

行 动

把所知落到实处

终于到了设立游戏规则的阶段了！不过要注意的是，一旦踏上这条路，你势必会遭遇孩子的抗拒。因此，我们接下来要做这样几件事。首先，在第8章里，我们会详细讨论制订一套有效的游戏行为调整方案需要考虑的所有要素。

在第9章里，我会指导你和孩子制订并实施一套调整方案，迈出你们一致认同的改变之旅的第一步。即使你们都对眼下的状况不满，但能够达成共识并且共同前进已经是巨大的进步，这说明你们已经踏上了正确的道路。

不过，在制订调整方案的过程中，你也要通过沟通深入了解孩子真正关心的事情，毕竟这一方案需要你们**两人共同制订**。如果在方案细节上无法与孩子达成一致，你可以阅读第10章，了解如何应对孩子难免会出现的抗拒。同时，这一章也会介绍你在执行规则的过程中可能会遇到的常见问题。

就算你已经做好了所有必要的准备，当真正开始为孩子设立游戏规则时，他仍然难免会抗拒。如果你想跳过前面的内容直接阅读这一章,以便更好地应对孩子的抗拒,那也是可以的。你也可以按顺序阅读,并在此处折个角,方便日后查阅。孩子的抗拒会反复出现,但是随着时间的推移,你也会越来越理解并妥善应对他的抗拒。

  第三篇的核心问题是如何让孩子真正认同和接受你的观点。即使你费尽口舌制订了一套有效的调整方案,如果孩子不听,那也是徒劳。然而,如果你能遵循前面提到的步骤,并且努力让孩子参与到这个过程中来,那么设立和执行游戏规则的过程就会越走越顺。

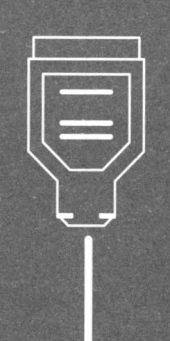

第 8 章
一份有效方案的关键要素

设立游戏规则是帮助孩子养成健康游戏习惯的重要工具。但是请记住，**规则并非一成不变，而要根据进展调整**。关键在于，规则要贴合实际，以免你将来频繁推翻你说过的话，或者总得重新与孩子达成一致。要做到这一点，你就要了解一套好的游戏行为调整方案应当包含哪些要素，以及如何与孩子沟通彼此的预期。

> **规则并非一成不变，而要根据进展调整。**
> 规则要贴合实际，
> 以免你将来频繁推翻你说过的话，
> 或者总得重新与孩子达成一致。

● 小处着手

在孩子玩游戏这件事上，你定过多少规矩？其中有多少规矩因为孩子抗拒或者表现良好而没能贯彻下去？

显然，不论是规矩没执行，还是你发现孩子有进步就把规矩丢到一旁，你都是在暗示：你定的规矩可以不遵守，甚至纯粹是摆设。这么做不仅会伤害亲子关系，还会让你约束孩子玩游戏的计划泡汤！

最常见的问题是目标过于冒进，成了脱离实际的幻想。我建议从小处做起，养成胜利的习惯。目标不可以是"门门功课得优，天天按时睡觉，永远与家人共进晚餐"这种理想状态，而应是**稍加努力即可做到**的事情。

约束孩子玩游戏好比减肥，你不可能一下子减掉 50 斤。有效的做法是循序渐进，每周 1 斤。这种逐渐累积小胜为大胜的改进，才是健康且可持续的做法。

要设立切实可行的规则，我建议你遵循"**1/4 原则**"。假如你想让全家人每周 7 天共进晚餐，这是很困难的，特别是在你们此刻连一天都做不到的情况下。从 0 天一下子增加到 7 天，这显然不现实。这时，我们可以取 7 天的 1/4，得到每周 1.75 天，四舍五入后得到每周 2 天。

全家人每周 2 天共进晚餐大约是每周 7 天共进晚餐这一目标的 1/4。考虑到每位家庭成员的紧张日程，在养成习惯之前，即便每周 2 天共进晚餐也是不容易做到的。这时，我们甚至可以只求每周 1 天共进晚餐，到下月再增加到每周 2 天。如此见效虽慢，却是实现目标最可靠的路径。而且，达成容易实现的小目标还能增添信心，使你们更有可能实现更高的目标，获得更大的成功。

同样，你也可以运用"1/4 原则"来调整孩子玩游戏的行为。假如你家孩子周一到周五每天玩大约 4 小时游戏，而你想把这一时长减少到每天 1 小时，那么这中间的差距就是巨大的。这时，你可以首先要求孩子把游戏时长减少 1/4，即每天玩 3 小时。这少掉的 1 小时在孩子眼里是很多的，而在你眼里又太少。但是没关系，这只是开始。随着时间的推移和更多游戏规则的设立（在你们达成最初的阶段性目标后），你们会逐步接近总目标。

● 游戏规则要匹配你的日程安排

通过设立规则来约束孩子玩游戏的行为是一项系统工程，或许会耗时数月甚至一年。因此，在设立游戏规则时，我们需要抛弃短期思维，同时也要考虑自己在承受身心压力时该如何有效地执行那些规则，而非只考虑理想情形。

约束孩子玩游戏或许只是你的职责之一，你很可能还需要上班，照顾家里的其他孩子，准备饭菜以及处理家务。对于单亲家庭或双薪家庭来说，挑战会更为严峻。

因此，你只能根据你的日程安排来设立游戏规则。如果你的期望值较高，你就得盯紧孩子，确保规则得到执行。而要盯紧孩子，你就得在一天当中频繁地与孩子简短互动。

例如，如果你要求孩子每天下午 5 点前完成作业，你就需要在下午 5 点检查他的作业。可要是那时你还没有下班，或者经常有电话会议，或者那是你出门锻炼的时间，那么规则就不能这么定。

如果这个时间点确实很重要（比如你想让孩子在晚饭前完成作业，或者你知道孩子喜欢拖拉，或者孩子一过这个时间点就会打瞌睡），那么你或许可以考虑找别人，例如孩子的（外）祖父母或保姆来代你检查作业。不过根据我的经验，要想让改变真正发生，你最好还是亲力亲为。要是这样的话，你恐怕就得重新调整*你的*日程安排，否则你就只能另作考虑了。

若想制订约束孩子夜里玩游戏的规则，我们应该注意哪些问题呢？如果孩子睡得比你晚，你就需要考虑你入睡后如何确保规则得到执行。如果孩子的游戏设备就放在他自己的房间里，那么这条规则执行起来会非常困难。这时，你可以考虑使用路由器监控软件，比如 IP 监控或带宽监控等可以监控或限制互联网连接的程序，以确保孩子在特定时间段无法玩游戏。

不过要注意的是，要借助技术手段执行规则，你就必须让孩子知情，以免他发现后再用更高的技术手段来反制你。还记得那个为了半夜玩游戏而偷偷打开酒柜门锁的孩子吗？如果孩子没有参与设立规则，你们两个就很容易陷入一场不断升级的"猫捉老鼠"游戏。你肯定不想在家里营造这样的气氛。而且，跟孩子比拼技术，你多半也会落于下风。因此，如果你无法切实执行夜间游戏规则，你或许可以考虑暂时放弃这一"阵地"，转而从更容易的事情做起，比如先设立一条在白天执行的游戏规则。

关键在于，规则的执行必须符合你的日程安排。设立无法执行的规则只会降低你在孩子眼里的威信。首先评估你的资源和实际能力，再据此设立规则。

要用各种方式向孩子表明，你说的话是认真的。了解这一点后，孩子会更愿意听你的话。要达到这样的效果，最佳做法之一就是设立经过深思熟虑的规则，并且始终如一、不折不扣地执行。

> 规则的执行
> 必须符合你的日程安排。
> 设立无法执行的规则
> 只会降低你在孩子眼里的威信。
> 首先评估你的资源和实际能力，
> 再据此设立规则。

● 明确调整点

到目前为止，我们所讨论的内容其实都与你在制订和执行调整方案时所能使用的各种调整点有关。显然，一套完善细致、行之有效的调整方案势必包含多个调整点。

调整点是对规则本身的界定。这里没有对错之分，关键是理清思路，明确目标。你需要考虑的事项有：

- 哪些游戏可以玩？
- 玩游戏的时限是按天计算，还是按周计算？
- 周末能否放开了尽情玩？
- 孩子去朋友家玩游戏怎么办，特别是那里对玩游戏管得很松？
- 是否设置禁玩时段，例如几点前或几点后不可以玩游戏？
- 是否为玩游戏设置条件，例如写完作业才能玩？
- 孩子玩游戏可否不受时间和环境限制，而只看他有没有达到特定的要求，例如只要科学课得优就能玩个够？

● 确定评估参照

所谓评估参照，不过是用来检验孩子有没有遵守规则、目标有没有实现的一种理想状态。

比如,你催促孩子出门上幼儿园:"穿上鞋,穿上外套,背上书包,快点!"他却开始大哭大闹。这时儿科医生常会建议父母使用一个心理小技巧来引导孩子合作,即给孩子选择权,或者至少让他觉得自己拥有选择权。医生告诉我们,与其直接命令孩子做这做那,不如问他想先穿鞋还是穿外套。虽然鞋和外套都是要穿的,但孩子却可以选择先穿哪一样。这样一来,孩子既能决定做事情的顺序,获得掌控感,又能及时出门,达成父母的期望,这就是双赢!

现在孩子长大了,开始沉迷于游戏,我们同样可以借助这个心理小技巧来确定目标行为,与孩子合作,而非对抗。一起制订调整方案,例如要做什么,从哪里做起。例如问孩子:"你觉得你应该把成绩保持在什么水平?"或者:"锻炼身体,参加社交活动,陪伴家人,处理自己的事情,这些都很重要。你想从哪一项做起?"

下面这些评估参照可供你了解调整方案的实施情况:

- 孩子学习成绩好吗?
- 孩子能完成他该做的事情吗?
- 孩子能遵循你们共同制订的日程安排吗?
- 孩子经常与家人互动吗?
- 孩子每天锻炼身体吗?

- 孩子经常参加社交活动吗？
- 孩子总体表现好吗？
- 孩子能控制自己的花销吗？

根据孩子的具体情况，你们既可以从设立一个目标开始，也可以在以上多个方面分别设置目标，如果你们决心很大的话。

还有，请牢记"1/4 原则"。如果你家孩子最近一次接受像样的体能训练还是在幼儿园阶段，那么想让他下周末跑 10000 米就很不现实。首先要了解孩子现在能跑多远，以及你希望他跑多远，接着计算差值，最后把目标定在差值的大约 1/4 处。在限制孩子玩游戏方面，大多数父母只关注孩子应该**怎样**做，却没有意识到，只有**从现实的目标出发**才能真正塑造孩子的行为。

● 设置目标节点

与孩子在具体的评估参照上达成一致有助于你们为方案的实施设置目标节点。有了这些提前**规划**的关键节点，你和孩子就可以更好地把握方案实施的全过程，这对确保方案有效实施至关重要。例如，目标节点可以是能够让孩子有所期待的奖励措施。

记住，这类措施设置得越少，孩子就越容易产生抗拒。如果规矩定得毫无弹性，孩子看不到限制放松的任何希望，他必定会心生怨气！而如果孩子能够有所期待，他就不会觉得你过于不公或武断，同时也能更好地调节自己的行为。因此，在跟孩子一起定规矩时，你们还应设置一些目标节点来评估和调整规矩。如果孩子知道你会在这些节点这样做（孩子希望你越早这样做越好），并且你确实按照设定的节点这样做了，他对规矩的抗拒就会减轻。

打个比方，如果你规定孩子永远不能再吃甜点，那么这条规则执行起来会非常困难。而如果你定的规则是未来一周不能吃甜点，并且只要达到一定条件，例如孩子连续 7 天都吃了蔬菜，你就会调整这一规则，那么孩子的抗拒就会减轻很多。

●● 目标节点 1：每周例行检查

就方案实施的评估参照（以及未达成目标要如何惩罚）基本达成一致后，你和孩子还应找个固定的时间定期检查，如同企业里的绩效考核。这种例行检查与每晚让孩子简单回顾白天的经历不同，而是每周一次对调整方案的总体进展做全面评估。

在尝试与孩子建立亲子联盟的阶段，你们每周的例行谈话主要是为了传递信息。而到了方案的实施阶段，谈话的目的就转变为深入了解方案的进展。例如情况是否在逐步好转？孩子是否情绪低落？如果是的话，原因为何？你对孩子的进步是否满意？为让孩子持续进步，方案需要做出哪些调整？

像往常一样，继续沿用之前的方式与孩子沟通。首先询问孩子近期的生活情况，运用开放式提问和回声式反馈来深入了解他的想法。

在每周例行检查时，你可以用下面这些问题来开场：

- 这周过得怎么样？
- 你觉得最让你头疼的事情是什么？
- 这周有哪些事情让你觉得很开心？
- 你这周游戏玩得怎么样？
- 对于学习和个人生活等事情，你有什么想法或感受？

在孩子回答后，复述孩子的意思，肯定他的感受。认真倾听孩子的想法。这里没有对错之分，孩子只是在表达他自己的想法。我们要打破总想去说服孩子的习惯。

你也应该讲讲你对当前进展的看法，并且让孩子复述，或者让他说说他对你的话的理解，以便评估信息的接收和理解程度。如果你平时经常对孩子使用回声式反馈，那么他现在应当能很好地领会你的意思！你可以跟孩子聊聊下面的话题：

- 你自己的感受。
- 你引以为豪的方面或感到困难的方面。
- 你认为进展顺利的方面。

- 你认为需要改进的方面。

请记住，尽管规则的执行要始终如一，但方案并不是一成不变的。随着你和孩子的共同进步，你可能需要适时调整方案。例如，你可以把规则改得宽松些，甚至给孩子更多玩游戏的机会；你也可以增加限制，以便更有效地引导孩子的行为。不过，调整一旦做出，你就要把调整的内容明确告诉孩子，以免孩子把规则的调整误解为执行尺度的改变。在调整规则前，先说明你的想法和理由。

目标节点 2：奖励

调整方案中应当包含的第二类目标节点是奖励。如果孩子整个月表现良好，例如每周例行检查连续 4 次都是良好，那么孩子可以得到什么奖励？如果孩子连续 3 个月表现良好，你又要奖励他什么？

你家孩子可能会像大多数孩子那样，希望得到与游戏相关的奖励，例如增加游戏时间、购买某款新游戏或新设备。但是，设置与游戏无关的奖励要好得多（糖果就很好，因为糖果吃完就没有了，而新游戏或新设备却能一直玩下去！）。还有，如果所有奖励都与游戏挂钩，那么游戏在生活中的地位就会被过分凸显。不过在这里，我们仍旧假设，你家孩子坚持要你奖励他一台新电脑。

如果你和孩子在调整游戏行为这件事上聊得很好,那么为了不扫他的兴,你肯定不想一口回绝他,这是人之常情!可这时要怎么办呢?答案是:继续运用已经掌握的沟通技巧。

先问孩子几个开放式问题:

你为什么想要新电脑?

为什么这么着急?

如果你有了新电脑,你的成绩会怎么样?你还会经常与家人共度时光吗?(把问题丢给孩子)

增加游戏时间、购买新游戏或新设备不是不可以用作奖励,只是你需要让孩子明白,能否得到奖励取决于他**从此刻开始**的表现。同时,跟孩子说这些也是在确认一切进展顺利,你感到非常满意,这一点很重要。如果孩子索要的奖励与游戏有关,比如他要一台新电脑,你就可以跟他聊聊能否为使用新电脑加上一些条件。例如告诉孩子,只要他目前的良好表现能保持下去,他就可以使用电脑。不过,即便我们觉得这样安排很合理,孩子听到你这么说也还是可能会失望。这时,**你得经得住他的失望**。

还要注意的是,设置与游戏有关的奖励有时弊大于利。比如,如果你奖励孩子多玩一天游戏,那么他第二天再玩时或许就很难停手。不过,你和孩子将来会在游戏规则和阶段性奖励上达成一致。只要孩子不违反规则，这些奖励就还是能让他逐渐累积成就感。如此一来，他就会学会根据你们在设立规则时定下的各种条件来期盼一个又一个奖励。（这点是不是很像电子游戏？）

此外，你也应在游戏之外的事情上为孩子提供阶段性奖励。这时，很多父母理所当然地会想到孩子的学业。例如，父母们往往十分盼望孩子在学期末取得不错的成绩，可是在孩子看来，这个目标却有些遥不可及。于是，你们还应设置一系列短期目标和阶段性奖励。例如规定只要在考试中得优，孩子就可以在周末挑选一天玩游戏（你需要了解孩子一学期里有多少次考试，以确保这种做法能够持续下去）。

又如，你们也可以规定，只要孩子能在周五或周五前完成当周的所有作业，周末就可以不学习。虽然他还是需要按时吃饭，做好自己该做的事，但是只要按时完成作业，他就能利用周末玩游戏。

再强调一次，你要确保你能够执行你们所设立的规则和奖励措施。

●●目标节点 3：惩罚

调整方案中的第三类目标节点是惩罚。如果孩子成绩持续下滑怎么办？如何为程度不同的违规行为制订相应的惩罚措施？惩罚不是为了惩罚本身，而是为了保护孩子。它像一道护栏，能确保孩子不会坠入沉迷于游戏的深渊。

与孩子讨论惩罚措施时,一定要让他明白这样做的目的。明确告诉孩子,你希望与他携手,尽力使他免受惩罚。让孩子知道,你们都在努力调整和适应,让事情朝着正确的方向发展。告诉孩子,为了他日后的健康和安全,他必须完成一些重要的事情,所以需要制订惩罚措施。

具体如何惩罚在很大程度上取决于孩子的年龄和你执行惩罚的能力。对于幼儿和青少年,你仍然可以实施一些真正有约束力的惩罚,因为孩子仍旧非常依赖你。而随着孩子年龄的增长,独立性增强,你执行惩罚的难度会越来越大。

惩罚措施要具体,"不能再玩了"并不是好的惩罚。请打开思路,例如:

- 如果"不能再玩了",那么这个期限是多久?
- 可以是不能再玩新游戏,或者不能再购买新游戏。
- 可以是不能联网玩,只能玩单机模式。
- 可以是不能在自己房间玩,只能在客厅玩。

许多父母认为以下惩罚措施是有效的:

- 缩短游戏时长。
- 限制某种游戏方式,比如不能用电脑玩,但可以用游戏机和朋友面对面玩。
- 做更多家务。
- 不允许在朋友家过夜，减少社交活动。
- 限制使用手机，甚至把智能手机换成只有通话和短信功能的手机。
- 限制或禁用特定软件、网站或社交媒体。

● 开始制订你理想中的调整方案

你已经思考了评估孩子表现的具体参照和方案实施过程中的目标节点。现在，你该考虑你理想中的调整方案了。你即将征求孩子的意见，所以不妨趁此机会从实际的角度仔细想想你自身面临的挑战。例如你的日程安排，以及你能否执行你定下的规矩。

这里的关键在于，在设立游戏规则的同时，你还要为孩子提供一条实现目标的路径。因为，孩子或许看似对目标不感兴趣，但他心里其实非常渴望成功，这种渴望并不弱于你对他获得成功的期待。因此，你制订的方案一定要现实，确保孩子有能力做到。

> 你还要为孩子提供一条实现目标的路径。因为，孩子或许看似对目标不感兴趣，

> 但他心里其实非常渴望成功,
> 这种渴望并不弱于你对他获得成功的期待。
> 因此,你制订的方案一定要现实,
> 确保孩子有能力做到。

制订调整方案的重头戏之一是明确哪些行为需要杜绝。如果你家孩子已经有类似行为,你就需要首先与他达成一致,哪些行为是今后不可以出现的,这样才能更有效地约束。此外,你可能还需求助专业的心理治疗师(第四篇会谈到可能需要专业治疗师介入的各种情形)。

到底哪些行为必须杜绝?人们的看法非常不同。不过根据我的经验,父母们往往会在调整方案中提及以下行为:

- 骂人。
- 损坏东西。
- 大发脾气。
- 威胁要伤害自己。

跟孩子谈谈,他的哪些行为是你完全无法接受的,哪些行为是你不喜欢的,以及哪些行为是你欣赏的,让孩子拥有明确的预期。

● 撰写草案

你已经思考了调整方案的内容,也让孩子接受了设立规则的想法。这时,你们就该一起草拟一份调整方案了。你无须强迫孩子签字画押,因为这么做不仅无法确保他守规,还可能伤害你们刚刚建立的联盟关系。不过,你们还是可以把已经达成一致的想法记录下来,以便将来有人打退堂鼓或遗忘时可用作参考。

首先,跟孩子聊聊你的需求和目标(结合孩子的需求和目标)。在这当中,有些需求和目标是绝对的、不可协商的,但它们应当是少数。多数需求和目标**应当**可以协商,让孩子拥有一定选择空间。

我有个朋友经常对她的孩子们说:"**你们有发言权,但是没有投票权。**"这话说得很好。虽然你是家长,但这并不代表你的孩子不能对他的生活发表意见。与孩子讨论调整方案时,你要确保孩子真正享有发言权。

请记住,这一点对调动孩子的积极性非常关键,因为孩子需要觉得他在调整游戏行为这件事上拥有发言权。此外,调整是一个过程,你不能指望他一步调整到位。目前,只要孩子能在整体上显露出改进的迹象就已经很好了。

记录以下事项:

努力弄清怎样做最有效,接着制订具体的调整方案,同时考虑孩子能否做到,以及你自己的各种限制因素。我们谈到过,不要设立你无法执行的规矩。如果你认为只有检查完作业孩子才能玩,你就得能够去检查作业。如果规矩定好了,你却没法执行,你又如何指望孩子遵守呢?

现在就定下奖惩措施, 以免将来仓促应对。如果孩子连续遵守规则一周,他会得到何种奖励?要是连续遵守一个月呢?反过来,如果孩子没能遵守规则,他又会得到何种惩罚?还有,你们多久评估一次方案的实施情况?你的评估参照与孩子的一致吗?你眼里的良好表现和他眼里的是一回事吗?

做好调整规则的计划。 如果方案效果欠佳,你多久能够知晓?如果规则确实需要调整,例如定得过严或过松,那么你何时能够去调整?

尽量从小处做起。 千里之行,始于足下。开始时目标不要设置太多,一两个就足够了。先瞄准最容易达成的目标,从小处做起。

拟定游戏行为调整方案(一)

这一章信息量很大,所以我为喜欢以列表形式接收和消化信息的读者准备了下面的步骤清单。制订有效的游戏行为调整方案有 6 个步骤:

第 1 步：运用 "1/4 原则"

- 选取一两个你们希望解决的问题。回顾你与孩子做过的沟通，找出你们都认为非常重要的价值观。
- 如果可以，列出杜绝出现的行为。
- 想想你们最终想要达成的目标，接着运用 "1/4 原则"。

第 2 步：盘点你的资源和能力

- 想想你拥有哪些资源和能力，能够实际做到哪些事情。

第 3 步：确定调整点

- 想想你能够执行哪些规则，并在其中找出你愿意去执行的规则。

第 4 步：确定孩子表现的评估参照

- 想想你要参照什么标准来衡量成功和失败。
- 确定放松或收紧规矩的条件。

第 5 步：设置方案实施中的目标节点

- 提前设置合适的目标节点，例如每周的例行检查、奖励和惩罚。
- 你如何才能知晓方案是否有效？
- 设置每周例行检查的时间，以便与孩子讨论哪里做得好，哪里还需改进。

第 6 步：做好向孩子呈现方案的准备

- 确保你对当前的方案感到满意，但要注意，这并非最终方案。
- 接下来，你还要促使孩子认同这一方案。

第 9 章
让孩子参与决策

一旦你认真考虑过你设想中的游戏规则的所有要点,也分析过你能利用的各种调整点,现在就可以跟孩子一起讨论这些规则了。你要让孩子参与进来,跟你一起制订调整方案,而非单方面宣布规则。

> **放心去读第 10 章**
>
> 在这一阶段,你势必会遇到一些阻力,也许你已经遇到了!如果是这样,你现在就可以去读第 10 章,这部分内容会帮你理解阻力从哪里来,以及如何消除。

你也要拿出真诚的态度。如果你只是摆出一副讨论的样子,心里却不打算退让半步，那么孩子是会察觉到的。这样一来，他就不会想跟你讨论了。在与孩子讨论设立规则的必要性时，你要愿意倾听，甚至妥协。

这时，你还要运用你一直在练习、可能已经熟练掌握的几个沟通技巧：开放式提问，回声式反馈，把问题丢给孩子，从而让他愿意与你一起制订调整方案。

在改善亲子沟通的数周尝试中，你很可能已经问过孩子以下问题，请继续这样做。

- 游戏最吸引你的地方在哪里？
- 游戏的哪些方面特别吸引你？
- 游戏的哪些部分是你不想错过的？
- 你想每天都有机会玩游戏吗？
- 你想在朋友们玩游戏的时候跟他们一起玩吗？
- 你想在周末游戏有更新的时候玩吗？

记住，问问题的目的是了解孩子最看重游戏的哪些方面。同时，这些问题也能为孩子提供表达想法的机会，使你在坚持原则的同时得到孩子的配合。

在周末，你可以跟那些朋友一起玩游戏。但是在周一到周五，我们能否约定，想玩游戏就要先做完下面这些事情？

接下来怎么做？认真聆听孩子的回答，然后复述孩子的想法和感受，即**回声式反馈**！

嗯，看来你最看重的是，你能在朋友在线的时候玩。我明白了，你不想只能在他们不在线的时候玩。

肯定孩子的感受，努力体会对于定规矩这件事，他到底在担心和害怕什么。

在这之后，你就可以谈谈自己的看法了：

我是这样想的。我是家长，有责任督促你完成特定的事情。你觉得我怎么做才能既督促你，又不剥夺你童年该有的快乐呢？

或者：

这方案好像不错，可要是你不照做怎么办？

这是什么策略来着？没错，这就是**把问题丢给孩子**！

● **提供选项**

与孩子详细讨论过游戏规则的各个要点后，你就可以**与孩子一起初步定下你们想要设立的规则了**。孩子能够认可规则极其重要，因此你仍旧要提出一些开放式问题，了解孩子眼里的好规则到底是什么样子，并让孩子参与确定目标达成的具体标准。在理想情况下，你们可以一起初步设立2~3条游戏规则，再进一步完善它们。

打个比方，假如你问孩子晚上想吃什么，孩子回答"主食和肉"。孩子想吃自己爱吃的食物并没有错，但是身为父母，你知道你还得想办法让孩子吃点蔬菜。于是在讨论下周的晚餐菜单时，你可能就会给孩子提供以下选项：

- 牛排沙拉配蒜香面包
- 手撕猪肉三明治配西葫芦和胡萝卜
- 肉丸和意大利面配沙拉或蔬菜意大利面

你：你说你想吃主食和肉，那我们就吃这些，不过你还得吃点蔬菜。你要是想先吃沙拉，那就吃完沙拉再吃意大利面和肉丸。你要是不想分开吃，我就把西葫芦和胡萝卜擦碎，连同猪肉一起加到意大利面里。你想怎么吃？

如果话题是电子游戏，你与孩子的谈话可能会是这样：

你：你喜欢电子游戏的哪些方面？

孩子：我喜欢跟我的朋友们一起玩，而且竞技类游戏很刺激，特别是晚上8点到11点人最多的时候。

你：身为父母，我的职责是确保你睡得够，学得好。你不需要在班里考第一名，但你的职责是学习，还有玩耍。所以我给你下面几种选择：

- 你必须在晚上8点前做完所有作业和家务，跟家人一起吃晚饭。所以你不能一回家就玩游戏。只要你把这些事情都做完了，你就能玩到晚上10点，如果是周五和周六，你就能玩到12点。
- 只要你考试都能得优，并且作业都完成了，你就可以玩游戏，周日到周四可以玩到晚上10点，周五和周六可以玩到12点。
- 你也可以提出别的想法，只是要注意，你得有足够的时间睡觉，有足够的时间学习，还得有足够的时间与家人互动。

● 设立规则并做好调整的准备

即使你和孩子已经在设立最初的两三条游戏规则上取得了进展，孩子也可能会突然不再愿意跟你讨论整个调整方案，或者不再愿意接受你提议的新规矩："你总是给我增加限制！"

这时，你要承认你确实想添加新规矩："嗯，没错。你觉得我为什么要这么做呢？我总这么做，你心里是什么感受？"

如果孩子感到有些沮丧，你就要给他表达想法的机会。尝试放慢设立规则的节奏，引导孩子思考你为什么要这么做？

努力肯定孩子的感受，说说你不断增加游戏限制的原因。邀请孩子回忆你们近期聊过的共同认可的价值观。不断重提那些你们共同认可的价值——我们这么做到底是为了什么？看看孩子能回忆起些什么。

接下来，跟孩子谈谈你的看法："一个半月前，我们谈到这件事，你说你对……非常感兴趣，所以我们才在这里定规矩，好让你实现梦想。"

这就是每周例行检查如此关键的原因。你可以借此机会畅所欲言，聊聊哪条规则效果好，哪条效果不好，并且确定接下来要怎样做。不过要注意，涉及修改规则的谈话只能在每周例行检查时进行。眼下，游戏规则还是要继续执行，只是你可以在这样做的同时更多地体谅孩子的需求。孩子会感受到他的声音被你听到并得到重视，以及你确实很想与他一起解决问题。

孩子会知道，他可以借助每周例行检查来满足自己的需求——这也是孩子跟我们坐下来谈话的一大动力。执行规则时，不要发火，不要回应，也不要放松要求。无论是索要奖励，还是调整规则，他都只能在每周例行检查时心平气和地提出来。

跟孩子聊聊"进步过程"的话题会有所帮助："你可能会觉得，你明明有进步，我却在惩罚你，这种感觉肯定很不好受，是不是？"接下来，你就可以把问题丢给孩子："我很为难。我看到你做得很好，而且我也想让你玩游戏。我可不想把 10 条规矩一下子都加到你身上。我觉得这样做对你不公平。你觉得我把所有规矩同时执行对你公平吗？"这时孩子很可能会回答："嗯，不公平。"

你可以接着说："所以我很为难，因为我不想一下子全部执行，我也觉得这么做对你不公平。可是与此同时，这些事情又必须做。我们该怎么办呢？"有件事你可能会觉得很奇怪，那就是，大多数正在戒除游戏瘾的孩子对父母最大的抱怨居然是嫌他们管得太松。

坦诚地面对孩子，把你的难处说出来，也聊聊你们共同设定的目标。孩子可能会表示反对："但我不想执行所有规矩。你把标准定得太高了。我觉得现在这样就够了。"如果孩子这么说，你就可以跟他聊聊应该把标准定在哪里的问题："好的，这些是我想让你完成的 7 件事，我想让你从里面选两件，接着我们再聊聊其他的，可以吗？或者你也可以只选一件，你觉得怎么样？"

孩子也可能会觉得，不断设立的新规矩就像不停收紧的绳套。这一点你得承认，不过你也可以请孩子想想，你为何要这么做。摆在他面前的是两条路，一条是沉迷于游戏，落在同龄人后面，将来或许会如梦方醒（如同我）。另一条路是你们一起努力，帮他过好生活。孩子身心健康，成绩优秀，善于社交，即将在职业或学术道路上连创佳绩，整个过程中，游戏也照玩。他愿意走哪一条路？

另外，别忘了一边尝试，一边总结经验。如果你因为孩子未能达成目标而设立了新规矩，你就要密切关注这样做是否有效。假如你发现，限制孩子放学后玩游戏的同时允许他晚些时候玩的做法效果欠佳，因为他原本就只想在晚些时候玩，那么你就没必要再这样做了。

记住，我们想要执行的规则或惩罚措施应当是能够<u>有效引导孩子展现正确行为</u>的。

● 设立规则的整体法和细节法，哪种更适合你？

几乎所有来找我咨询孩子玩游戏问题的父母都想知道，对孩子来说，健康的游戏时长到底是多久。或者，他们也会换个问法："玩多久就算玩得太多了？"

我猜，你看这本书也同样是为了寻找这些问题的答案。但是，我在前言里说过，没有放之四海而皆准的<u>正确</u>答案，因为每个孩子都不一样。你知道的，你家孩子跟邻居家的孩子完全不一样。同样，每个孩子对电子游戏的痴迷程度也千差万别。所以，我们的调整方案、各种规则也都不一样，都要根据你家孩子的独特行为方式来设定。

例如，很多父母都会设立这样的规则："你把自己的事情做完就可以玩游戏了。"或者："写完作业就能玩游戏了。"但是，这种单方设立的规则存在很多问题。例如，你可能没法检查孩子是否做完了作业，或没法检查孩子是否认真做了作业。为了能玩游戏，你家孩子还可能专门捡你喜欢的话说给你听。

于是，大多数父母便会把话说得更为具体：

- 周一到周五每天最多玩 2 小时，周末每天最多玩 4 小时。
- 每晚 10 点上床睡觉。
- 每天要把自己该做的事情全部做完。
- 否则就要受罚。

但是，这种简单粗暴的方式同样有很多问题。而且孩子仍旧有许多办法可以钻空子。

例如，父母如何确定孩子在周一到周五或周末玩了多久？游戏机上有秒表吗？还是说父母得整天盯着孩子？这些时限包含看视频的时间吗，还是只是游戏时间？谁来监督孩子每晚 10 点睡觉？（父母这时是否在家，或者是否已经入睡？）这套规则对孩子何时起床有什么规定？对孩子的学业成绩有何要求？设立这些规则的父母们努力想做得具体一些，却仍然挂一漏万。（当然，没有哪个调整方案能杜绝孩子钻空子。孩子总是会挖空心思来曲解你定下的规矩。）

限制孩子每天玩的具体时长是极难执行的。我建议你把"每天最多玩 2 小时"这种具体思维转换为整体思维。例如:"只要做完日程表上的事情,睡前随便玩。"

为了鼓励孩子,你还可以加上一句:"如果你每天都能把该做的事情做完,周五和周六也可以随便玩。"你可能不信,结果其实是差不多的。如果孩子把当天该做的事情都做完,那么他能用来玩游戏的时间也就只剩两小时了。而且,周末可以放开手脚大玩游戏的额外奖励会非常吸引孩子。

● 别忘了给孩子自主权!

我在第 3 章里谈到过我的一大担忧,即父母们总是为孩子做各种事情,甚至包办一切。如果你家孩子的科学课作业需要在下周上交,你或许就会接连不断地提醒孩子,帮他倒计时,告诉他具体要做哪些事情,直到他最终动手。但是,如我前面所讲,如果这就是你与孩子的互动方式,那么孩子就只会学到一点:他无须承担任何责任,因为一切自有你来扛。

因此,我有必要再次强调:你得给孩子更多自主权,**包括成功的自主权和失败的自主权**。如果你停止为孩子做事情,结果会怎样?任由孩子不时碰碰壁可能会造成一些不好的后果,让亲子关系受到一些损害,但这样做或许是必要的。你仍然可以在考试前几天提醒孩子,但你这样做只是在声明,你知晓他应当承担的责任,并且你不会代他承担。例如:"我看你一直在玩游戏,希望你玩得高兴!我猜你会像我们说好的那样,把这周的科学考试考好。听你的口气,你好像很有把握。两天后的考试加油!别忘了我们的约定,成绩达不到良可是要限制游戏时间的哟。"

告诉孩子他接下来需要做的事情,提醒他别忘了他做过的承诺,接着看他如何表现。

如果孩子忘记复习,成绩不佳,那就再和他谈一次。孩子可能会有许多抵触情绪,也可能会找许多借口来逃避惩罚:"老师不喜欢我,所以我才没及格。"继续运用我们一直在练习的沟通技巧,因为"我早就告诉过你"这种话毫无用处。

再强调一次,"健康玩家"疗法的核心在于培养独立性。你不能总是催促孩子去达成目标,你肯定不希望你家孩子只能依赖你的唠叨来做事情。你要给孩子一些试错的空间,让他知道自立有多么重要。

● 应对突发情形

我们都知道,计划赶不上变化。由于电子游戏更新换代非常快,所以针对游戏行为的调整方案也注定会失灵或部分失灵。方案在制订时看似完美,实施后却总是出问题,不是被孩子找到漏洞，就是被游戏领域冒出的新技术打败。这时，孩子会**认为自己遵守了规矩**，而你却不以为然。孩子会觉得我们在针对他。他会争辩说，你总是把规矩变来变去，他根本没法遵守。坦率地说，你遇到这种事也会产生同样的感受。毕竟，如果你觉得自己遵守了每一条规则，可到头来还是要受罚，那么遵守规则就失去了意义。

假设你跟孩子已经就游戏时长达成共识，即周一到周五可以玩 2 小时，周末是 4 小时。然而当周五到来时，情况就变得复杂了起来。孩子玩了两小时后还想继续玩，可你却认为时间已经到了。问题在于，周五晚上属于周末吗？这种理解上的细微偏差有很多是你当初无法预料的。这里就会产生问题。如果你认定周五晚上不属于周末，只能玩 2 小时，那么孩子就会觉得你这样做对他不公平。这是因为，你们的共识背后是对同一概念的两种理解。

同样，这种问题最好在每周例行检查时处理！你既可以同意孩子的看法，也可以不同意，但是不要在问题发生时表态，要到每周例行检查时再讨论这件事。现在，你们只需记住将来要坐下来讨论这种情况，到时候再决定日后该如何做。

● **再谈调整你的情绪**

几乎没有人能在紧张冲动时明智地做出决策。

所以，在冲动或混乱时设立的规矩几乎注定会失败。

假如你在外面忙碌了一整天，回家还要面对一个因为不能痛快玩游戏而烦躁不已的孩子。你已经厌倦他的抱怨，不想再听他找借口（例如他未能如你所愿在晚饭前写完作业）。或者，你再也受不了他不愿关闭电脑上床睡觉。你10点要求他这样做，他没有理睬；10点半再催，他还是无动于衷；现在是夜里11点15分，已经过了你的睡觉时间。你感到筋疲力尽，终于失去耐心，厉声大叫："一个星期不准玩游戏！"

注意，这条新规矩来自你的一时冲动。你并未深入思考它，并未考虑诸如你的日程安排、孩子的意见、能否执行等我们已经讨论过的各种因素。那么你如何执行呢？另外，在忙碌了一周后，你想让孩子明白什么道理呢？

还有，你如此反应只会告诉孩子，你是一个过于强势的家长，轻率鲁莽、不讲公平。顺便提及，同样要注意的是，心血来潮或赌气地放松要求（例如因为不想再与孩子争吵而听之任之）也会造成同样的危害。你传达给孩子的信息是：你的决心是可以被消磨殆尽的。不管是哪种方式，只要你带着情绪与孩子商讨规则，你就已经输了，因为你伤害了你好不容易才建立起来的亲子联盟。

如果游戏规则是父母情绪失控的产物，或者在执行中时松时紧，你就会在无意中强化孩子的不良行为。首先，孩子会发现：要想玩游戏，他就得学会避免让父母发火，而是否照父母说的去做并不重要。

在上面的例子里，孩子会发现，他其实不必在 10 点钟听你的话，这一节点应该在 11 点到 11 点半之间、你快要发作的时候。所以，孩子起初并不会理睬你，直到你快要"爆炸"时才会这样做。

如果过去发生过类似的情形，而你也没有大发雷霆，孩子就会认为 10 点关闭电脑只是随便说说，不必严格遵守。如果他还像从前那样继续玩下去，你却突然发火，还罚他一个星期不准玩游戏，他就会觉得你对他非常不公平，因为你的反应完全出乎他的预料。这时，你们都没能靠近你们共同认定的目标，你也没有考虑孩子真正看重什么。孩子只会学到，他能否玩游戏几乎完全取决于你的情绪状态。

请注意，如果你设立了你没法执行的规则，孩子就会知道他根本不必遵守，他知道你无法执行！所以，你这样做只是在教孩子把你的话当耳旁风。如果你说要惩罚他，却从未这样做过，效果也一样，孩子会发现你说一套，做一套。

所以，调节情绪非常重要。新规落地决不能来自一时的冲动。如果规矩来自你们共同认可的价值观，以及彼此间坦诚而充分的讨论，你就能让孩子明白你为什么要这样做，他就会认真对待你说的话，把你看作一个理性的家长，他就会理解，**你约束他玩游戏的出发点不是你的情绪，而是他自己的目标和价值观。**

你要认识到，情绪是你的一部分，但你不能被它控制。压力大或疲惫时，暂时停止与孩子讨论定规矩的事，让自己休息和调整一下。等你头脑清晰和内心平静时，再去与孩子讨论不迟。你们将探讨设立哪些规矩、何时例行检查，以及何时调整规矩，你不应带着情绪参与其中。

● 再谈孩子的情绪管理

我知道，你家孩子发起脾气来可能会非常吓人。我还见到过，为了得到自己想要的东西，有的孩子甚至会对父母动用"核武器"——威胁要伤害自己（或者离家出走、伤害他人），这非常恐怖！对于孩子的威胁，特别是威胁要伤害自己时，只要你有些许担忧，就要充分重视，并且立即寻求帮助。不过在多数情况下，孩子这样做只是为了刺激你，或是想要从你这里获得他想要的回应或让步。一旦你怀疑他只是在故意操纵你的情绪，就要**保持平静**。在设立和执行规则的时候，你和孩子都要保持务实和理性的态度，因为你们都知道由此引发的情绪有多么可怕。

孩子发脾气会很难安抚，有时我们甚至没有精力去安抚他。我们厌恶冲突，喜欢和谐，所以常常为了息事宁人而破坏规矩，这是人之常情。如果你也是这样，你就需要在改善亲子关系、建立亲子联盟这件事上下大功夫，让孩子能够与你正常交流。大喊大叫从来都不是亲子沟通的唯一方式。继续努力向孩子证明，你们是站在一起的。

别忘了,要与孩子联手并非朝夕之功,需要持续努力,永不息惰。(第5、6章介绍了如何与孩子结成亲子联盟,第10章将介绍孩子发脾气和抗拒时该如何应对。)

我们来回顾一下,有效的规则和无效的规则分别是怎样的。

无效的规则

- 你无法监督孩子。
- 目标太大。
- 在冲动下设立。
- 单方设立,未征求孩子的意见。

有效的规则

- 包含若干稍加努力就能实现的小目标。
- 在心平气和的讨论下设立。
- 吸收了孩子的想法。
- 你和孩子都有信心实现目标。

拟定游戏行为调整方案（二）

第1步：鼓励孩子参与讨论
- 鼓励孩子参与关于制订游戏行为调整方案的讨论。
- 开放式提问。
  - 孩子对他当下的生活满意吗？
  - 孩子对他现在玩游戏的次数满意吗？
  - 跟孩子讲讲你的目标，接着询问孩子有什么目标？

第2步：为孩子提供选项
- 鼓励孩子谈谈他打算如何实现他的目标。
- 为孩子提供一系列选项。你可以选定目标，但要允许孩子对涉及调整点、评估参照和目标节点的选项发表看法。
- 你只管提出目标，让孩子去实现，这是他的责任。把问题丢给孩子。
- 允许孩子选择调整点。

第3步：与孩子一起制订调整方案
- 孩子不能决定具体设立什么规则，但可以决定部分调整点。

- "在玩游戏这件事上,你最看重什么?是能在你的朋友们在线的时间段玩吗?"
- 设立你能够执行的规则。
  - 把问题丢给孩子:"要想继续跟你的朋友们一起玩游戏,你的平均绩点就必须达到3.0。"
    - 选择孩子看重的事项,接着加上条件。
    - 不要轻易让步。
    - 目标应当是孩子经过努力能够达到的(1/4原则)。

第4步:敲定调整方案

- 确定所有的目标、调整点、评估参照和目标节点。
- 确认你能够执行所有规则。
- 确认孩子认同调整方案。

第5步:实施调整方案,每周例行检查,收集反馈

- 注意,现在还不是享受成功的喜悦的时候,而应肯定孩子的努力,并且鼓励他分析哪些做法有效,哪些做法无效。

- 针对孩子努力的过程和结果，与孩子讨论你感到满意和不满意的方面。
- 如果调整方案是成功的，那就**不要改变它**。
  - 对于这一点，孩子可能会不理解。他会认为达到目标就应该获得奖励。这时你需要向孩子解释，取得成功正是因为坚持了之前的做法，贸然改变会招致失败。
- 如果调整方案没有成功，那就问问自己：
  - "我有没有因为自己的情绪而犯错？"
  - "我是不是缺少资源或需要帮助？"
  - "是否有意料之外的情形发生？"
- 找到没有做好的方面，查明原因，下次做出有针对性的改进。

重复以上步骤。

第 10 章
实施调整方案，应对孩子的抗拒

我们完全能够与孩子结成稳固的亲子联盟，进而一同制订出行之有效的游戏行为调整方案。但是，不管你与孩子在此前数周讨论了多少事情，达成了多少共识，到了真正实施方案的时候，你难免还是会遭遇抗拒。

● **抗拒从何而来？**

放松点，遇到抗拒非常正常。因为你在要求孩子做出改变，甚至要求他放弃他珍视的、能帮他应对现实压力的东西。我有很多办法来帮你稳住局面，下面我们一一讨论。

首先，我们要理解孩子的抗拒从何而来。我之所以能够成为一位优秀的精神科医生，给予游戏成瘾者有效的帮助，原因之一就在于，我在印度学到的"吠陀观"很好地解释了孩子的这种心理。我们先来熟悉吠陀观的三个核心概念：末那识（manas）、我执（ahamkara）和智慧（buddhi）。

末那识是我们的感性思维，直接对外部刺激做出反应，能反映我们对事物的喜好。我们其实无法控制我们的感受和需要，我喜欢还是不喜欢吃花生果酱三明治并不由我的意识决定，它只是我对食物的反应。

我执是我们的自我认知或自我认同。有人认为，我执不受我们的想法或感受影响。源自我执的想法有"我是个医生""我很失败"，"我很成功"等。

智慧是我们的智力，也是我们的分析思维和推理能力的源泉。

我执旨在帮助我们抵御负面情绪的侵扰。只要有负面情绪来袭，它就会为我们筑起心理防线。记得上大学时，我的一些朋友有时会约女孩出去。如果遭到拒绝，他们就会变得自负起来——"她配不上我"，或者"我一开始就对她不感兴趣"。如果我们因为被拒绝而产生了负面情绪，我执就会站出来保护我们。我执如同夜店门口的保镖，把坏人拒之门外，让我们远离不良影响。

然而，我执常常会犯错，甚至与我们的智慧产生冲突。这时，我们就会启动"合理化"这一防御机制，用不合理的思维方式来为自己辩护。对于被女孩拒绝的情形，如果我们真的对她不感兴趣，那为何当初要约她出去？你或许已经发现，如果一个人被我执占据，情绪化地思考问题，他就会认为道理站在自己一边，然而他的所谓道理只是歪理。而且，就算你指出他的逻辑错误，他也还是会挖空心思另寻理由。

当我执与智慧正面碰撞时，我执会压倒智慧。我执表示："我们这样很难受，得通过某种合理化机制来让我们好受些。"智慧回答："遵命，长官。这是我为您量身定做的几个理由。"

你或许已经发现，跟孩子聊他玩游戏的事很容易触发他的这种防御机制。甭管你逻辑多严密，他都不会从你的角度看待问题，而只会争辩不停。因为他的智慧受制于我执，所以他是不会错的。

顺便说一句，这也是你不应与自恋者争论的原因。自恋者非常缺乏安全感，触发他们自恋反应的是某种攻击或任何使他们感到不安的情境。如果有人惹他们不高兴，他们就会攻击对方，并且显露出自恋特质，辩称自己强过对方。因此，不要与自恋者争论，因为他们的逻辑思维已经被我执劫持。你解释再多，他们也不会从你的角度看待问题。对于自恋者，心理治疗师首先会给予理解、共情和肯定。等到负面情绪消退，我执就会失去存在的必要而归于沉寂。这时，你就可以跟他们理性交流了。不过，你仍旧不可以攻击对方，否则你还是会激起他们的负面情绪，激活他们的我执。

孩子表现出抗拒怎么办？你得像我对待自恋者那样对待孩子。假如你指出他这样下去会害了自己，那么你说的越是正确，他的抗拒就越强烈。

就算你说的是事实，他自己也是知道的，他的头脑仍会拼命

假装看不见。你越是一针见血，他的情绪就越糟，反应就越激烈（哪怕他认可你说的话）。你这样做只会激活他的我执，促使他进入抗拒状态。而你的批评以及随后的争吵引发的负面情绪还会促使他借助游戏来解压。这时，他多半会想出一些歪理来合理化自己的游戏行为，你就算费尽口舌也终归是徒劳。

总之，负面情绪是抗拒的根源。我执一旦登场就会控制一切，孩子会与你争得面红耳赤，完全不承认自己有错。在我读大学时，有大量证据表明，我即将被学校劝退，例如系主任发给我几封邮件，明确警告了我。然而不知出于什么原因，我仍旧认为这种事不会发生。在我的我执面前，我的智慧毫无抵抗之力。直到去了印度，我才终于看清这一攻击、否认和抗拒的过程，并开始做出改变。

● 如何融化抗拒的坚冰

不论孩子抗拒的是生活上的新安排，还是家里的新规矩，我们这些做父母的几乎都会故技重施——强迫孩子就范。可要纠正沉迷于游戏等问题行为，我们就必须激发孩子的主动性。虽然我们要掌控局面，但孩子也需要对自己的生活拥有某种掌控感。没有谁能强迫别人保持清醒，也没有哪个父母能强迫孩子不玩游戏。

请记住，抗拒往往来自负面情绪，也往往让人否认自己有问题。否认是一种心理防御机制。人越是想要保护自己，就越是会否认。例如，酒精成瘾者总是把他们的酒藏起来，尽一切努力防止家人发现他们酗酒。同样，游戏成瘾者也会否认自己这样做有问题。而且对他们来说，不能玩游戏是他们很难忍受的极其糟糕的事。如果你不理解、不尊重孩子的这一心理，孩子就不会买你的账、听你的话，就会抗拒你。

面对抗拒，你应当攻心为上，攻城为下。温柔地对孩子表达理解反而能促使他从内心里承认自己的问题。而你越是霸王硬上弓，孩子就越是会否认自己有问题。

在前面的内容里，我们曾经把孩子分作两类，即处于"不自知"阶段的孩子和处于"自知"阶段的孩子。前者尚未意识到问题的存在，与父母观点不同，所以会与父母争吵。后者虽然已经知道这样玩下去是不行的，但是由于智慧被我执劫持，他们同样会与父母争吵，只是这背后是对现实的否认和逃避，是对负面情绪的心理防御，而非单纯的观点之争。虽然从表面上看，这两类孩子的反应都是"我没问题"，但我们得理解这背后的不同机制，如此才能更好地推动孩子做出改变。

对于处在"不自知"阶段的孩子，你可以运用开放式提问来增进他对游戏行为的认识。对于处在"自知"阶段的孩子，你也可以这样做，只是要记得，他的心理防御源自负面情绪。而要化解他的痛苦，你就要肯定他的感受，这就是回声式反馈的目的。

处在"自知"阶段的孩子知道自己这样做有问题，但假如你逼他承认的话，他还是会否认，例如"没你想的那么严重"。而且，他认为事实就是如此。我执需要理由，智慧就来提供。虽然他的智慧已经提升，但他仍旧否认事实，以此来抵挡负面情绪。此外，一些因素还会让他的行为变得更加怪异。（我多次提醒父母们留意孩子的怪异表现，因为这往往意味着孩子在经历某种深刻的困扰或痛苦。）

没错，人性就是如此，遇到坏事就想美化。我们会借助各种合理化手段来逃避严酷的现实，因为承认问题存在会让我们感到绝望，这是更严重的心理问题。因此从逻辑上讲，这样的否认是一种保护机制。**只要问题不严重，我就搞得定**。而问题越严重，我就越有可能搞不定，因而变得绝望。

让孩子卸下防备、停止否认的关键是释放这一切背后的情绪。人越是感到羞愧和内疚，就越是会拒绝承认自己的问题。要想与处在"自知"阶段的孩子有效沟通，我们就得借助开放式提问和回声式反馈让他松弛下来。如果你是接纳的、好奇的，只倾听，不攻击，他的我执就会退居幕后。这时，你或许就能平静地与他讨论问题，而不会触发他的心理防御了。

通常，人只有撞到南墙才会承认自己有问题，因为此时的他们已经逃无可逃。

但是，我并不想坐等孩子撞南墙。我主张提前干预，用真诚关怀和共情来帮助患者意识到自己的问题。

如果你发现孩子在抗拒……

一定要运用开放式提问和回声式反馈这两大沟通技巧，接着肯定孩子的想法和感受，最后才表达你自己的想法和感受。

一定不要把自己的看法与孩子的看法直接对立起来。父母们常常会说："我理解你说的，不过我是这样看的。"这样说可能会让孩子觉得你并不认同他的话。

一定要把"不过"换成"与此同时"等类似表达。例如："我理解，你很看重那些朋友，你确实喜欢跟他们一起玩游戏。而且你才15岁，本来就应该享受快乐。这些我完全明白。与此同时呢，学习也是你该做的事。我们要怎么平衡这两件事情呢？"

一定不要轻视和否定孩子的感受。只有接纳了他的感受，他才不会需要否认。久而久之，这一需要甚至会彻底消失。

● 遭遇抗拒不等于失败

在精神疾病的诊疗中，我有时会给患者开药，例如中枢神经兴奋剂。也有时候，患者会丢失药品或过量用药，甚至把药卖掉（我怀疑）。遇到这种情况，我会告诉患者，我很同情你的遭遇，可这是管制药品，只有第一个疗程结束后才能继续开药。患者听了往往会感到失望。

通常，患者并不接受这一结果，而是辩解这不是他们的错。他们往往会说出一些理由，并且怪罪他人。我继续对他们表示同情,尽管他们尝试迫使我重新开药,我仍旧不为所动。我会告诉对方:"我没说这是你的错,但药还是得下个月开。"

很多时候,我坚持这样做后,患者就不再"丢"药了。发现此路不通,他们就小心了很多,以免无药可用。

如果我不这样做,而是对他们说:"这是你的错,你应该把你的药保管好。"我们就会不可避免地陷入谁是谁非的无谓争论。

要记住,**是非和规则是两回事。**

与其争论是非对错,不如承认事情已经发生。不指责(甚至可以承认对方并无过错),而只表明你不会改变规则。就算患者丢药实属意外,例如丢了行李,或者药被他人拿走,我也没有义务去纠正外部力量的影响,因此还是不能重新开药。

我知道,你很难用这样的态度来对待你家孩子,但这样做十分关键。就算不是孩子的错,你也不应在规则的执行上打折扣。否则,一旦孩子发现你会因为他说了什么而妥协退让,他就会再次尝试。

如果孩子的理由确实充分,于是你决定妥协,那么请想想,你这样做传达了什么样的信息?你传达的信息是,只要理由充分,规则就可以改变。这样一来,孩子关注的焦点就变成了如何找到最佳理由来说服你改变规则。

我不是在主张你永远都不能妥协,完全不是,所以我才建议你们每周做例行检查。平时要严格执行规则,到每周例行检查、情绪平稳时再讨论要不要为特定理由破例一次,或者对规则做出修改。

要知道，只要有一次破例，孩子就会要求你再次这么做。你若不予通融，就可能破坏亲子联盟。正因如此，你才要努力强化亲子联盟，以便应对。

假如你家孩子因为生病落下许多课，最终没能在学期末达成你们共同设置的成绩目标。这时你想怎么做？你会放他一马吗，因为成绩不好的原因是缺课而非玩游戏？如果你这样做了，你就要注意孩子接下来是否还会寻找更多理由来向你求情。如果目标总是无法达成，你就要让孩子重视这一点，并就这件事好好跟他聊聊。你要询问开放式问题，运用回声式反馈，并且保持理智和冷静。

你： 接下来，我们共同设立的目标会不会又达不成？如果又达不成，你觉得我会怎么做？你是不是觉得，只要提出一个站得住脚的理由，你就能逍遥法外？

这里的关键在于，一旦你们设立了合理的规则和目标，你就不能在执行上打折扣，或者彻底把它们抛到一边。我的"健康玩家"疗法提倡"理解抗拒"，即带着理解的目的去探寻背后的原因。同时，如果你已经与孩子一起朝着正确的方向努力了几周或几个月，那么给他一些自由度将会非常有帮助。一旦孩子开始主动约束自己，你就可以开始考虑把规则调整得宽松些了。

● 探究抗拒，达成理解

探究抗拒是为了学习和理解，而不是为了证明什么。孩子分得清其中的区别。如果你问孩子问题是为了论证，那么他是不会买账的。（专家们称此为"苏格拉底教学法"，这种问法最好留给象牙塔里的教授们用，而非拿给儿童和青少年的父母们用。）

一般来说，我们问问题是因为<u>不</u>知道答案，不是吗？也就是说，提问者是无知的，这是我们在问孩子问题时该有的心态。我们不是专家，只是一个无知的发问者。对某些事情无知并不是什么丢脸的事，孩子也知道这一点。他知道你终归是家长，也知道帮你照亮盲点也对他自己有利。让你的盲点继续存在对他并没有什么好处。

一定不要在你并非真心求教的情况下问孩子问题。

一定要用心聆听，努力去理解他。

试试看，如果孩子央求你允许他多玩一会儿："我的朋友们都在线呢。"你可以先表达共情："7 点一到就不能玩了，你心里一定很难受，感觉就像是你跟朋友们失联了。"

感受到这突如其来的态度上的转变，你家孩子很可能会有些摸不着头脑。此时的你正在与他共情，显然想进一步理解他。这时要继续这样谈下去："看得出来，能跟朋友们一起玩对你来说很重要。如果你能先把作业做完，你们一起玩我也会很高兴。"

请注意，我当然知道你担心孩子，只是我们做父母的大多说得太多，听得太少。我们习惯于通过问问题来证明一些事情，可假如我们转而带着理解的目的去提问，结果会怎样呢？

定期跟孩子聊聊玩游戏这件事，但这种谈话不能影响孩子现有的游戏时长。它与执行规则时的谈话完全不同。如果你把二者混为一谈，孩子甚至会不愿与你说话。

一定要把表达共情的谈话和执行规则时的谈话区分开来。

一定不要在表达共情时谈及定规矩的事。

试试看，运用开放式提问和回声式反馈，肯定孩子的感受，让孩子觉得你理解他。

- **开放式提问**。你可以问孩子："你最看重游戏的哪些方面？"孩子可能会回答："我最看重的是能跟朋友们一起玩。跟他们玩特别有意思，一玩就玩到很晚。"
- **回声式反馈**。你可以对孩子说："看起来，你特别看重跟朋友们一起玩。你那些朋友好像都喜欢上一天学后用玩游戏来放松，而且你们总是玩到很晚。"
- **肯定孩子的感受**。你可以这样来表达共情："那种感觉一定很难受。如果我执行游戏规则，你肯定会觉得我把你移出你的朋友圈了。"
- "我们周四聊聊这件事。如果我们能找到办法确保你把该做的事情做完，规矩就可以改。"

注意，在完成作业的目标达成前，你并没有在玩游戏这件事上退让半步。不过，你已经让孩子看到，你愿意听他说话，并且关心他的感受。

探究抗拒的目的是发现孩子真正在乎的东西。下面列出了你可以参考的更多开放式问题和其他表达。其中一些可能是你先前在尝试与孩子建立亲子联盟时已经用到过的。

- "为什么玩游戏对你这么重要呢？你能帮我解决这个疑问吗？"
- "如果我限制你玩游戏，这么做对你会有什么影响？
- "为什么你这么喜欢玩游戏？"
- "如果我规定，在玩游戏前必须先写两个小时作业，这样做哪里不好？你能帮我解决这个疑问吗？"

孩子的回答将帮助你理解游戏在他眼里的价值以及他的想法，你可以把这一理解运用到日后关于设立游戏规则的谈话中去。

要想改进你和孩子在游戏话题上的互动，你就要用正确的方式来应对孩子的抗拒。有时候，在孩子极力抗拒时，你们的互动只是一场权力之争。你限制，他抗拒。好比军备竞赛，你拿出长矛，他用盾牌抵挡，你亮出宝剑，他有盔甲护身，直到有人扔出炸弹，将一切悉数毁灭。

不断升级的矛与盾之争从来都不会有好结果。如果你拿出

"照我说的做，否则……"的态度，孩子也会以牙还牙。如果你说"我是家长，我说了算"，那么孩子也会用他自己的方式来让你搞清楚到底谁说了算。

这是权力之争，是孩子的拿手好戏，因为你已经在这方面训练他很久了。就算你赢了，结果也是两败俱伤。应对孩子的抗拒是为他示范正确行为的绝佳时机。

不准对我发号施令！

大一些的孩子有时会正告父母："我已经是大人了，不准对我发号施令！"这是一种常见的亲子冲突。有时，这句话确实有几分道理。因为大一些的孩子可能已经攒钱买了自己的游戏机和软件，他们觉得自己已经长大，无须再遵守你的规矩。

不过，你还是可以就此与孩子深入谈谈。你可以问他："成为大人需要什么条件？一个大人要担负哪些责任？那些责任你都担起来了吗？为什么你没有担起来？你怎么看待这件事？"跟孩子开放地、不带评判地聊聊成为一个大人到底意味着什么，应当怎样做事情，他哪里做到了，哪里没做到。

● 如何在孩子抗拒时执行规则

现在，你已经理解你家孩子为何会抗拒你定的规矩，也了解了应对抗拒的一些具体做法，这是否说明一切都已尽在掌握？

我用戏谑的语气这么问，是因为我当然知道，事情往往不会如此简单。你需要做好孩子会抵触、争辩、吵闹、发怒，甚至情绪失控的准备。他既可能小试身手，也可能火力全开。毕竟，他还是个孩子。他被剥夺所爱，愤愤不平也在所难免。

孩子可能会告诉你，他不论做什么都无法令你满意。听到孩子这样说，你很可能会感到内疚。这时，你要避免带着愧疚、悲伤等负面情绪去回应孩子。你得先把自己置身事外，然后才能给孩子有益的回应和支持。你可以问孩子："你有这种感觉多久了？"或："你心里一定很不好受，你觉得你永远都没法满足父母的期望，那是一种什么感觉？"认真听孩子回答，然后把你认为的孩子表达的意思说给他听（即回声式反馈和肯定孩子的感受）。

不过，即便你说了这些话，你也必须严格执行规则。但愿这件事比你想的容易些，因为你们一开始设立的目标是非常容易达成的。记住，不要贪大，从小处着手。小到什么程度呢？小到达成目标需花费的力气还不及发脾气本身。

不过，遇到孩子抵触或发脾气，你也要记得使用你一直在练习的那些技能。

继续运用开放式提问和回声式反馈：

"你能告诉我你为什么生气吗？"或者："我很想知道为什么，这对你很重要，你能帮我解决这个困惑吗？"

接着把你听到的信息复述给孩子："我知道你为什么生气了，你好像觉得自己错过了很多精彩的东西。"

用问题吸引孩子参与，然后把问题丢给他：

"你觉得我们当初为什么要定这条规矩？"

"你想玩游戏，我完全理解，可是你的成绩怎么办？"

这时，孩子往往会抗拒，并且很可能会许下你们彼此都明白他根本做不到的诺言："我先玩一会儿，我保证过一会儿就写作业。"

这时，你要保持坚定，继续不折不扣地执行定下的规矩："你的保证没法解决问题，要能解决的话，我们也用不着定规矩。你保证过要写作业，可是你并没有写，所以保证没法解决问题。"

如果孩子抗拒，同时又认识不到自己的问题，你可以这样说："我理解，你认识不到自己的问题。我不是一定要让你承认你有问题，只是我身为父母，承担着把你培养成一个优秀的成年人的职责。然而，你现在正在做相反的事情。我知道，我这么说，你不理解。我真希望我能把这件事解释得更明白些。可是不管怎么样，我都必须履行我的职责。我不能因为你不理解就不去做对你有益的事。"

这里一定要非常小心，因为孩子会利用你的情感和你对他的关爱来试图证明，你这样做是在伤害他。一旦你做出退让，他便会更加确信：**发脾气能让他得到他想要的东西。**如果发脾气能让你停止执行规则，你就是在鼓励他发脾气。或者说，你此时对孩子的任何迁就都只会让他变得更加容易发脾气。此时，你们很可能已经在约束孩子玩游戏这件事上取得了一些进步，但你迁就孩子的这一昏招却可能让你们前功尽弃。

显然，保持坚定非常重要。如果孩子继续发脾气，不要被他镇住，变得小心翼翼，也不要去回应他。你要做的是问自己几个问题：为什么会发生眼前这一幕？如果你已经建立了稳固的亲子联盟，学会了倾听，也制订了符合孩子价值观的调整方案，那么问题出在哪里？有什么东西改变了吗？先前约定的调整方案是否要求过严？你和孩子最近有没有变得更加情绪化？

接下来，你还要问孩子几个问题，这样你们才能一起解决眼前的问题。

首先，再次亮明你会执行规则的坚定态度："我完全理解，不能玩游戏让你感到很失落。但问题是你没有完成作业。每次说到这件事，你都会为你成绩不好找各种理由。我理解，生活里确实有干扰。但是不管怎么说，你的成绩都不可以是这样的。"

继续每周的例行检查，这样孩子才有机会与你讨论改规矩的事。记住，规矩的执行和调整必须分开进行。在每周例行检查时，你不可以实施惩罚，否则你就是在封堵这条重要的沟通管道。记住下面的口诀：一起讨论（要不要改变），独自评估（应不应改变），一起执行（倘若有改变）。

● 执行规则的常见误区

我们学习新事物的方式是尝试，失败，再尝试。在执行规则这件事上，道理也一样。别忘了，你面临的游戏成瘾问题是史无前例的，从前的人们从未有过这种烦恼，所以请对自己宽容些。在与孩子一起尝试做出改变并时常遭遇孩子的抗拒的过程中，你要经常提醒自己，在这件事上，你是他的父母，不是朋友。你是他的指路明灯。茫然无措时，请退后一步，冷静想想，身为孩子的父母，你必须为他做些什么。

> 在与孩子一起尝试做出改变并时常遭遇孩子的抗拒的过程中，你要经常提醒自己，在这件事上，你是他的父母，不是朋友。

●● 坚持有效的做法

经验告诉我，父母常犯的错误之一是放弃原本有效的做法。我有不少抑郁症患者，有的会在接受药物治疗半年后来找我："你好，卡诺吉亚医生，我感觉好多了！现在想停药。"这时，我就得提醒他们，虽然他们感觉好多了，可一旦停用让他们感觉好转的药物，症状就很可能卷土重来。

如果某项措施是有作用的，让你们取得了不错的进展，那就不要停止！你需要坚持这样的做法。

●● 保持坚定：专注于软性约束，而非硬性限制

随着孩子长大，你们之间的关系的性质会发生变化，你对他的指导将侧重于软性约束，而非硬性限制。

教给孩子正确的价值观，培养自我管理能力，孩子就能做出明智的决定。不过，我治疗过许多 18 ~ 24 岁的年轻人，他们经常说，他们希望父母对他们要求更严格些，这样他们玩游戏的行为就不会失控了。

●● 不可当即设立规则并执行

你不能在孩子出现不良行为的同时当即设立规则并实施惩罚，这么做必定会招致孩子的不满。而且同样危险的是，设立规则与执行规则并行的做法会促使大多数父母设立无法长期执行的极端规矩。

●● 爱无错，也必要，但要防止它影响你的判断力

父母对孩子的爱有时会成为破坏规矩的首要原因。这背后的逻辑是："孩子的乞求如此诚恳，而且他一直都很乖巧，还刚刚在考试中得了优，那这次就算了吧，我真是太爱他了。"没错，我们想奖励孩子的良好行为，也希望看到孩子此刻是高兴的，但真正的爱是为孩子创造最有利于他成长的环境。你可以在每周的例行检查中尽情释放你的爱，但是与此同时，设立规则并坚定执行也是爱。

●● 担心和害怕会促使你设立严苛的规则

如果你担心孩子正在走上一条"不归路"，你很可能就会反应过度，例如设立与孩子的问题行为不相匹配的严苛规则，至少从孩子的角度看是这样的。实际上，对于你的这种做法，孩子会感到极为困惑。因为，当规则的设立源自强烈的恐惧时，它就会脱离孩子直观感知到的现实。孩子自然不晓得他的行为是否会让他走上什么"不归路"。（这就是为何孩子是孩子，父母是父母。）

在孩子看来，你的行为完全不可理喻，因此他也不会把你定下的规矩放在心上。你们双方的基础假设和世界观都相差太远了。

● 与伴侣保持一致

你与伴侣都有独特的个性和想法，对孩子的同一行为可能有不同的解读。也许，这种差异正是你们当初吸引彼此的原因。然而，在约束孩子玩游戏，帮他养成健康的游戏习惯这件事上，你们两人却需要以一致的态度面对孩子。你们需要共同认定，孩子沉迷于游戏确实是个需要解决的问题。同时，你们也需要在解决这一问题的具体步骤上达成一致，以便统一行动。如果这样的共识从一开始就不存在，那么孩子就会找到漏洞并各个击破！

你已经了解了**开放式提问**对打开沟通渠道的重要性。下面，请用同样的方式与你的伴侣交谈。

一开始，你可以这样问："孩子玩游戏这事，你怎么看？"

对方或许会回答："长大了就不玩了。"不论对方如何回应，接下来，你只需运用回声式反馈来确保你已经理解了对方的想法。

"嗯，好像你认为孩子长大就不会玩了。我理解得对吗？"

确认对方的看法后，你就可以说说你担心的事情了。你要采取表达主观意见而非宣布客观事实的方式，并且强调这只是你自己的看法。如果你摆出一副不容置疑的姿态，谈话就会变成争论。主观看法更容易为人所接受，毕竟谁都有权发表观点。

"他这么玩游戏，我很担心。"

现在，问问你的伴侣，对方听到你说了什么。这里是一个难点，因为对方并不会使用回声式反馈（除非你的伴侣也在读这本书）。对方很可能会继续发表他的看法。

你可以这样回应："我知道你是这么看的，可是你知道我怎么想吗？"有时，你需要重复问这句话。你甚至可以告诉伴侣："你没有提到我表达的意思，我能再说一遍吗？我特别希望我们能在这件事上达成共识。我觉得我已经理解了你的想法，可是你好像并不理解我的想法。"

温和地引导对方关注你的看法。请对方抛开认同与否，复述和总结你的观点。这么做旨在确认信息得到了有效地传达，而非纠结于对错。

明确告诉对方，虽然你理解对方的看法，但你非常担心对方的看法是错的。

"我理解你的看法，我们的孩子确实有可能长大以后就不玩了，这点毫无疑问，可是我这样看待这件事也是有原因的。"

记住，你并不是要说服对方你是对的，对方是错的，而是要让对方同意参与你的"小试验"，这样你们就可以在共同的目标下找到些许共识。运用你在本书第二篇里学到的策略来深入理解你的伴侣。你可以问对方："你对孩子的成绩满意吗？我们能不能做个小试验，看看孩子的成绩会不会提高？"

● 其他养育者有异议怎么办？

如果孩子的其他养育者不赞成你为孩子设立游戏规则，那么这件事就会很难办。特别是，如果你已经与这位养育者分手，你们不再同住，甚至不再交流，那么这件事会难上加难。

不论是你与伴侣观点不同，还是两个家庭之间意见不合，孩子都会凭借直觉意识到你们之间存在分歧，因而规则本身就可能存在漏洞。这时，他或许就会频繁选边站，造成"好"父母和"坏"父母相互竞争的局面。当然，双方都希望孩子更喜欢自己一些，于是就可能下意识地争相讨孩子的欢心。如果情况正是如此，孩子就很容易沉迷于游戏。在这种情况下，要设立游戏规则非常困难，除非孩子的所有养育者能达成共识。

能够制造麻烦的不只有你的伴侣，还有孩子的其他亲人。只要他们不理会游戏规则，为孩子沉迷于游戏提供温床，问题就来了。

如果孩子的其他养育者对孩子沉迷于游戏这件事有不同看法，那么设立一套所有养育者都能遵守的游戏规则会很有帮助。这时，你可能需要与他们进行一系列棘手的交谈。例如，在给孩子买游戏机这件事上，两家人要如何做？游戏规则要如何设立？奖励措施是什么？两个家庭各自定了哪些规矩？执行得如何？对于已经达成共识的游戏规则，两家人各自能执行到什么程度？

你也可以用同样的做法与孩子朋友的父母达成一致，设立大家都能遵守的游戏规则。我们能否在各自家中一起执行我们共同商定的游戏规则？如果孩子们不在一起，我们该怎么做？我们能否设置一个时间段，到时大家都不准孩子们玩《堡垒之夜》？说出容易引发孩子抗拒的情形，商讨可能适用于各自家庭的调整方案。关于如何与孩子朋友的父母们沟通的更多内容，请见后文。

●● 如何与孩子的（外）祖父母等亲友沟通

在执行游戏规则这件事上，孩子的（外）祖父母也是一大难题，因为他们往往认为自己的职责是"宠孩子"。他们还记得自己做父母时的样子——总得充当"恶人"。现在，他们只想含饴弄孙，尽享天伦之乐。

孩子的（外）祖父母等其他养育者的问题是，他们可能不了解他们自身行为的后果。他们无须每晚催促孙辈按时上床睡觉。他们关注的只是孙辈逢年过节收到新游戏或新游戏机时流露的喜悦。

在尝试履行父母的职责去约束孩子玩游戏，并且对（外）祖父母给孩子的礼物做出限制时，我们往往会遭遇许多阻力。毕竟，他们也在履行他们的"职责"——宠溺他们的孙辈。对（外）祖父母做出限制可能会伤了他们的心——"你这是在限制我的爱吗？"

带有这种心态的（外）祖父母及其他好心的亲友往往会觉得

你小题大做："这只是一个阶段，他长大了就不玩了。你小时候也这样，你现在不好好的吗？"这时，就此与他们争论只是浪费时间。还记得我们在上一章里讨论过的我执吗？如果我们告诉孩子的（外）祖父母，他们那样做是在伤害孩子，他们的我执就会跳出来保护他们。如果他们的头脑不承认他们那样做是有害的，他们就不必感到愧疚！"你，你这愚蠢的父母，你根本不懂，心里满满是爱的我伤害不到任何人！我这么做是在丰富孩子的生活！"这时，他们的思维已经陷入了"否认"的泥潭："一切都很好，我什么都没有做错。我既不需要感到愧疚，也不需要改变做法。"

不如尝试这样回应："我理解，宠溺我们的孩子感觉上是没错的，但是拿蛋糕或玩具宠溺他和拿电子游戏宠溺他是两回事。"

需要注意的是，今天的（外）祖父母们小时候并没有见过如今市面上的那些电子游戏，这一点很重要。也就是说，他们可能完全不清楚，在他们允许你家孩子玩游戏时，这一决定的潜在影响到底是什么。请继续向他们解释电子游戏的成瘾性，以及你对孩子玩游戏的时长有多么担心：

"有大量证据表明，这些游戏和其他科技产品非常容易让孩子成瘾。恐怕你们并没有真正看到我所看到的问题。"（这可能是因为他们并没有和孩子住在一起。）

如果这样解释仍旧没有效果，（外）祖父母还是放纵孩子玩游戏，你或许就得设置一条硬性规定了。记住，你有责任确保孩子健康成长，因此你必须想清楚，继续允许孩子接触那些妨碍其健康成长的人是否符合孩子的最大利益。就算你不想威胁他们再也不让他们见孩子，你或许也得明确说明只能在哪里见孩子。

例如，你或许会规定，（外）祖父母只能在远离科技产品的公共场所或你家里见孩子，并且要在孩子不可以玩游戏的日子见他。或者，你规定你家里只接受非科技产品作为礼物。设置这些规则，是因为你想让孩子的（外）祖父母理解，你只是在做你认为对孩子最有益的事情。提醒他们，虽然你小时候是由他们来管，但现在是你说了算！

•• 如何与孩子朋友的父母沟通

开放地、不带评判地与孩子朋友的父母深入聊聊，这么做能促使所有大人一致对待所有孩子。尝试一起设立一些基本规则，可以组织电话会议，发送群消息，甚至可以邀请他们共进晚餐。问问他们："对于孩子在家里玩游戏这件事，你们是怎么看的？"听听他们的想法。记得运用回声式反馈，甚至可以做些笔记。

之后，把大家的发言总结一下，提议制订一份共同调整方案。很多时候，你会发现孩子朋友的父母跟你有一样的担忧。有时，他们还能就公共规则的设立提出良策。

尝试设立大家共同执行的基本规则：

我们能否在各自家中一起执行我们共同商定的游戏规则？

孩子们不在一起时，我们该怎么做？

我们能否设置一个时间段，到时大家都不准孩子们玩《堡垒之夜》？

● 谈谈你自己的问题

我们已经讨论过如何解决孩子的其他养育者以及孩子朋友的父母可能会带来的问题，现在我们来谈谈你。因为，如果问题并非由他人引起，那么问题或许就出在你身上。重要的是，我发现游戏迷的父母们的自我提升往往对解决孩子的问题大有裨益。

● 执行规则的时机

执行规则的时机很重要。关于行为强化的科学证据告诉我们，缩短行为与行为后果（奖惩）之间的时间差至关重要。巴甫洛夫摇完铃铛并不会等好几天才给狗食物，不然那些狗永远也学不到任何东西！铃声与食物在时间上的关联是条件反射形成的必备条件。同样，电子游戏也是即时满足大师——奖励不是在十个工作日内到达，而是秒到，并且可以立即使用。身为父母，你得跟得上游戏的节奏。

如果你家孩子犯了错，你直到好几天后才实施惩罚，孩子就会觉得你行事不公，因为他可能已经忘记自己究竟做错了什么。

奖励也是同样的道理。如果孩子表现不错，就要尽快表扬。为什么？因为行为与行为后果在时间上的关联度会决定行为强化的效果。

延迟满足并不利于塑造行为。奖励越遥远，改变行为的动力就越弱。我们要用好这一原理。行为与行为后果（奖励或惩罚）之间的时间差越短，孩子就越有可能调整自己的行为。

当然，如果你和孩子一起设立的目标里有提高学期末成绩这一项，那么努力与成绩单之间就会存在时间差。如果你已经承诺孩子，只要成绩提高就可以增加游戏时长，那么这漫长的时间差该怎么办？这时，你可以在跟孩子确定目标的同时设置一些目标节点，实施阶段性奖惩。例如答应孩子，平时成绩的提高也可以作为调整游戏规则的依据，但目标是否达成还要看学期末成绩。

一般来说，你在惩罚方面警告孩子越多，孩子在真正受罚时表现出的愤怒就越少。在孩子两三岁时，你或许就已经学到突然关闭电视会让你惹上大麻烦，而提前5分钟告知或设置倒计时则能给孩子一些时间来适应，避免"火山爆发"。

我们也要把这一好不容易得来的经验运用到家里的游戏迷身上。给孩子一些提醒，让他提前充分知晓规则的内容和犯规的后果。不过提醒归提醒，他要怎么做是他自己的事。

例如，如果你已经和孩子商定，这学期成绩要达到"良"，这时你就可以把惩罚措施提前交代清楚："如果只得到'及格'的成绩，每周就有一天不能玩游戏，省出的时间要用来学习，把成绩提上去。得到'及格'的次数越多，你每周能玩游戏的天数就越少。"

阶段性奖惩的另一个好处是，其关注点在于进步，而非完美。我想再次强调，我们追求的是整体上的逐步改进，而非一口吃成胖子。记住，小目标更容易达成。步子虽小，但走得扎实。

还有，不要被表面的"服从"所迷惑。连续学习三天与考出好成绩并不是一回事。如果你只根据表面的"服从"就放松规则，孩子就会学到，他只需装出你想要的样子，而无须拿到真正的成果。

● 避免走极端

在限制孩子玩游戏这件事上，大多数父母的做法都是因一时兴起而走极端。事情的起因往往是一起"灾难性事件"，例如一场激烈的亲子冲突或一份糟糕的成绩单。你失去了耐心，于是严厉惩罚孩子。你设立了极其严格的规则和极为严厉的惩罚措施，例如彻底禁止玩游戏。

希望你一眼就能看出，这样做存在很多问题。孩子会非常愤怒，你也会承受巨大的压力，这种极端的惩罚方式还可能摧毁你一直苦心经营的亲子联盟。还有，彻底禁止的改变太大，很难长期执行。我们已经知道，一旦父母在执行时有所放松，孩子就会知道，规则并不需要严格遵守，因为父母终归会妥协。

如果你决定实施严格限制，那就要跟孩子聊聊何时重新评估游戏规则。你是父母，确实有权禁止孩子玩游戏，但很多时候，这一极端做法不利于建立健康的亲子关系和不带评判的开放沟通。当父母这样做时，他们通常只是放任情绪去主导一切，这种情况一般发生在激烈的亲子冲突之后。正因如此，我才建议你们定期评估游戏规则。

好消息是，围绕游戏规则的争论只在开始的阶段最为严重，孩子会逐渐适应。孩子过去受到的约束越少，适应新规则就越慢。如果你家孩子已经玩了 10 年游戏，你或许就得花 5 年来戒除他的游戏瘾。

注意，要学会调整自己的期望，这很重要。要接纳孩子慢慢进步。保持耐心。这是一段漫长的旅程，但我向你保证，只要坚持做下去，效果定会显现。

不必违背初衷奖励孩子!

奖励孩子的良好表现不应违背你约束孩子玩游戏的初衷。方法之一便是给孩子提供与游戏无关的奖励。

例如:

- 去看球赛。
- 给他买辆山地车。
- 给他买他最喜欢的球队的球衣。
- 由他来决定家里晚餐吃什么或者吃哪家外卖。
- 看电影。

● 记得照顾好自己

很多时候,我作为一名家长表现并不出色,但这一般跟我的孩子没什么关系,而是跟我的前后不一、疲惫、愤怒和沮丧有关。父母是孩子的第一道防线。要想照顾好孩子,最佳做法之一就是照顾好我们自己。你的行为会直接影响孩子的行为。因此,你可以通过自我觉知来引导孩子走上正途。

在治疗有孩子的患者时，我经常会引用大量研究结果来说明，如果父母和孩子都被诊断为焦虑症，并且父母接受了针对焦虑症的治疗，那么孩子即便不接受治疗，其病情也往往会有所好转。同样，那些成功帮孩子摆脱游戏瘾的父母往往也在自己身上下了很大的功夫并做出改变，这是整个过程中不可或缺的一环。

这些父母愿意去探究自己的弱点，调整自己的行为，提升自己的情商。想想看，孩子之所以能操纵你、触动你敏感的神经，是因为你本身有敏感之处。这一点并不是孩子造成的，他只是聪明地发现了你的弱点，然后才利用它来对付你。

如果你没有照顾好自己，那情景就像是你开了辆瘪了胎的汽车，力不从心，难以前进。如果你状态欠佳，你就无法给予孩子最好的养育。你越是关爱自己，提升自己，把自己的生活过得井井有条，就越是能成为孩子的坚实后盾。

在飞机上，你必须先给自己戴上氧气面罩，然后才能帮助身边的其他乘客（或孩子），这个老生常谈的道理在这里也同样适用。首先要照顾好自己，无论在精神上还是在身体上都是如此。理想的父母是精力充沛的，所以，你首先要确保自己得到充分的休息。还有，你要对自己宽容一些。在现代社会，养育孩子真的是一件极难、极难的事。给自己关怀，这非常重要。

一旦你的心变得宁静且平和，你就是孩子最好的家长了。

第四篇

常见难题

游戏成瘾的出现与进展常与潜在的情绪障碍、未确诊的注意缺陷多动障碍（ADHD），甚至高功能孤独症有关。根据我的经验，我估计约 1/3 的游戏成瘾孩子也同时存在其他问题。

　　我们将在下面的内容里讨论这些问题，说明为何要为孩子做专业的精神健康评估（即使最后发现问题并不存在），精神疾病与电子游戏有何关联，以及如何根据孩子的具体情况调整对策。

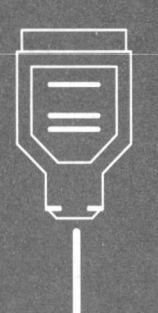

第 11 章
正视精神健康问题,积极评估

有时候,尽管你竭尽全力去实践书里提出的各项建议,孩子也尽其所能与你一起努力改变现状,但仍旧不起作用。这时你就要考虑,这可能是因为孩子存在精神健康问题。

迟迟见不到效果的父母们可能会怀疑自己哪里做错了,可实际上你很可能已经做得很好了,这样你才会怀疑,孩子不只是单纯地爱玩游戏。

这时,你会感到非常为难,因为精神健康评估是一个非常专业的领域。不去做评估,你会担心;去做评估,你又担心伤孩子自尊。于是你左右为难。

你需要改变你对寻求专业帮助的认识。这种帮助确实包括**治疗**,但也包括**全面的评估**。这一点很关键,因为**排除**疾病与诊断疾病同样重要,两者都会影响后续安排。

> 排除疾病与诊断疾病同样重要,

> 两者都会影响后续安排。

我在上面提到过，根据我的经验，大约 1/3 的孩子属于游戏成瘾合并潜在精神健康问题的情形，而这些问题很可能加重了他们的游戏瘾。你需要去搞清楚，你家孩子是否属于这一情形！了解情况是采取对策的前提。全面诊断不仅对你好，对孩子也好。很多时候，父母知道问题存在，但他们看到的只是症状，而不一定是问题的根源。孩子也可能察觉到有些不对劲，而给这种不对劲的感觉起个名字或许会十分有益。

● 接受评估的众多益处

试想如下情形：孩子常常冲动行事，情绪失控。换句话说，只要你限制他玩游戏，他就会生气，发脾气，似乎他的大脑压不住负面情绪。

冲动和情绪失控是注意缺陷多动障碍（ADHD）的典型特征，患儿的前额叶皮层无法或难以控制他的情绪中心杏仁核。如果问题的根源是 ADHD，那么孩子就需要得到正确的诊断和专业的治疗。

治疗能使孩子重新融入生活，沉迷于游戏的问题也会得到改善。但这一切的前提是接受评估，确定问题的根源。

如果评估后，精神科医生判断孩子并没有 ADHD 等神经发育障碍，你就会知道，孩子的问题只是环境影响的结果。也许，他发脾气只是因为他每次这样做都能让父母妥协，于是这就成了他实现自身意志的一条策略。

不论是哪种情形，孩子都需要我们的关注、共情和关爱，只是具体做法完全不同。在第一种情况下，我们要有耐心，要同情孩子。他正在遭受 ADHD 的困扰，我们需要认清这一点，并在养育方式上做出相应的调整。在第二种情况下，我们需要设立明确的规则，并且干净利落地执行。看似相同的问题，却需要两种完全不同的调整方案。

寻求专业帮助不应在急需治疗时，而应在需要接受评估时。我们要问自己：去看心理医生或找精神科医生做评估对孩子**有没有好处**？

要像重视孩子每年的体检那样重视孩子的精神健康评估。体检是美国大多数学区的强制项目——在美国，缺了最近的疫苗接种记录，孩子就不能上公立学校；少了最新的体检报告，孩子就不能参加体育活动。

如何寻求专业帮助

相关研究告诉我们，在医患关系中，最重要的既不是光鲜的学位、多年的经验，也不是种族或宗教上的近似性，而是适配性。治疗师应该同时获得你和孩子的认可。通常，要找到这样的治疗师需要尝试1～3名。

如果你想要面对面的帮助，那就可以参考下面的方式：

1. 与医疗专业人士交谈并让他们推荐。医生非常擅长帮你寻找合适的医生。

2. 与孩子学校的辅导员交谈。告诉对方，孩子沉迷于游戏让你很担心，并让对方推荐治疗师。

3. 利用你的人脉。问问家人和朋友是否认识好的治疗师。

4. 如果你有医疗保险，那就可以联系你的保险服务提供商，获取经过对方审核的相关服务方的名单。

● 一处可以吐露心声的安全空间

寻求专业帮助的另一大原因是沟通。精神健康领域的专业人士非常善于营造安全的沟通环境。如果你与孩子沟通困难，或者你觉得孩子不愿向你敞开心扉，那么专业人士提供的安全空间或许正是孩子需要的。允许孩子与另一个人分享自己的隐秘想法和感受是你送给孩子的一份珍贵礼物。你不再寻求成为孩子的倾诉对象，这么做传达给孩子的信息是："我随时准备聆听你的想法和感受，但我也完全理解，有些事情你可能不想对我说。没关系，等你想说的时候再说。"记住，很多孩子最怕的就是让父母失望，所以他们有时宁可跟别人谈论他们的缺点，也不愿跟你谈。

我知道这真的很难，哪个父母不想成为孩子倾诉的对象呢？我们当然希望孩子信任我们，愿意对我们说任何事情。我们一生都在努力让他们知道，我们无条件地爱着他们，并且永远支持他们。

但是，一味追求营造完美的环境来让孩子吐露心声可能会耗费许多时间，孩子等不起。

我做医生的大量经验告诉我，年轻患者接受治疗后与父母关系改善的约占 99%。在治疗前，他们不知该说些什么，甚至找不到合适的词来表达自己的感受。在这种情况下，他们如何向你敞开心扉？

但是，与治疗师沟通并解决一些问题后，孩子或许就有能力向你表达感受了。你只需保持耐心，怀揣期待，相信孩子会在与治疗师的沟通中获益，然后静等孩子转变。

做父母的要让孩子相信，你会一直陪伴在他身边，用各种方式支持他，直到他能够独立。如果你能做到这一点，孩子就会在将来的某一天做好离开家，独自创造精彩生活的准备。同时他也深知，他可以随时回到你身边。

● 要多严重才算严重？

如何判断孩子是否需要专业帮助？大多数父母都会问我，如何判断"情况严不严重"。那么，"严重"是什么意思？以下是我以及大多数父母认为的一些情况严重的表现：

- 学习能力显著下降。例如学习成绩大不如前，或者孩子的老师给出了类似的反馈。
- 与朋友或家人的关系显著恶化。如果孩子与特别亲密的伙伴闹翻，或者突然开始与新的群体或个人交往，这时你就要注意。同样，如果孩子与家人的关系突然变得紧张起来，你也要注意。
- 在真实生活中没有朋友。

- 离群索居。例如整天窝在自己的房间里,或者不与家人一起吃饭。
- 懒散颓废。例如赖床,需要别人帮忙打扫卫生或做饭。
- 发脾气,摔东西。
- 每天或经常与家人争吵。
- 叛逆。例如夜间偷偷外出或频繁违反家庭规则。
- 自我伤害。例如吸毒、酗酒、饮食失调或自残。
- 伤害他人。例如在学校或家里与他人发生肢体冲突。
- 有自杀或杀人的念头或行为。必须做紧急医学评估。

如果以上多项内容均符合孩子的情况,那就说明你的怀疑没有错。情况确实严重,要尽快寻求专业帮助。

如果孩子尚未达到上述程度,那么要确定何时该求助专业人士或许不大容易。不过最重要也是我一直倡导的做法是:采取行动宁早勿晚。即使看医生只是为了做评估,而非寻求治疗,你也应该这样做。

多了解一些情况总是无害的。了解了情况,你就能更好地帮助孩子应对困境。

第 12 章
难题 1：
电子游戏与注意缺陷多动障碍

科技产品一贯擅长分散注意力。不断变化且持续加速发展的技术使得我们很难专注于一件事。我们注意力的持续时间正在缩短，因为我们消费的内容正变得越来越短，从电影到电视剧，再到横屏的电脑视频，以及如今竖屏的手机短视频。图书变成了博客，接着又变成微博。我们不再对我们的头脑提出太多要求。看来，我们似乎只能应付最多 90 秒的短视频和聚合头条新闻了。

不论是否归咎于科技产品，注意缺陷多动障碍（ADHD）患儿正在逐年增多。而且我们也知道，不少 ADHD 患儿都沉迷于电子游戏。

● 什么是注意缺陷多动障碍？

近年来，学界对 ADHD 患儿的大脑进行了大量的研究，发现 ADHD 患儿的大脑明显异于常人，这种差异主要体现在以下三个方面：

- 注意力
- 冲动控制
- 情绪调节

●● 注意力

顾名思义，ADHD 的主要特点就是注意力涣散。

注意力正常的人有几个特征。首先，我们可以专注于我们想要关注的事物。而且在想要转移注意力时，我们也可以把它转移到别处。对没有患上 ADHD 的孩子来说，如果你在他看书时喊他到餐厅吃午饭，他就能意识到你在跟他讲话，并且通常能放下书本来到餐桌前。

ADHD 患儿的表现与此不同。由于注意力在书本上，他很难听到你说的话，也难以把注意力转移到你要求他做的事情上。研究发现，ADHD 患儿的父母往往是大嗓门，这并不是因为他们脾气大，而是因为他们需要用更大的音量才能成功吸引孩子的注意。

你不仅难以吸引孩子注意，他的注意力也可能会不受控地游走。他很难专注于特定的事情，可能需要你反复提醒。你提醒一次，他忘了；再提醒一次，他又忘了。如此反复。难以理解的是，这种注意力的不受控是双向的——既无法把注意力集中在他想关注的事情上，也无法把注意力从他不想关注的事情上移开。第二种情况属于"注意力过度持续"，也就是说，如果 ADHD 患者对特定的事情产生执念，那么他们会很难摆脱这种执念。

●● 冲动控制

我们知道，人类的大脑能够整合我们看到、听到和感受到的信息，例如对饥饿和口渴的感受。我们还能从我们的思维、想法或心理状态中获取信息，例如我对某件事感到好奇，或者被某件事分散了注意力。

在正常情况下，我们会整合这些信息，继而决定到底应该顺应冲动行事，还是应该抑制冲动。开会时，我们可能会想上厕所，或者突然想唱歌，但我们能把这些事情推迟到散会后再做。

然而，ADHD 患者的脑回路却不是这样。我们发现，患儿的感官输入会产生更多冲动，而他们抑制这些冲动的能力却不及常人。

如果你家有 ADHD 患儿，你可能就会看到，在你让孩子坐下来写作业后，任何噪声，甚至窗外掠过的飞鸟，都会分散他的注意力。而注意力一旦溜走，他随即就会起身，漫无目的地走开。他无法控制这种冲动。

●● 情绪调节

许多ADHD患儿非常固执、一根筋，容易陷入某种僵化的行为模式。有时，患儿就像咬着东西死不松口的斗牛犬，油盐不进，顽固不化。例如，他们就是要玩游戏，如果你尝试拿走游戏，他们就会"大爆炸"。这时父母通常会发现，孩子反应的剧烈程度远远超过了合理的范围。

在诊断之前，父母往往只会认为孩子非常固执，但极度的固执其实是情绪失调和ADHD的表现。

在一些研究中，研究者扫描了ADHD患儿的大脑，结果发现，ADHD患儿的负面情绪比常人来得更快，也持续得更久。也就是说，与正常儿童相比，ADHD患儿更容易感到愤怒、沮丧和悲伤。而这些情绪一旦产生，也会在他们脑中停留更久。

● 现实是困难的

ADHD患儿面临着数不清的现实困难，他们往往难以适应父母、同龄人和学校等外部世界的刻板期待。如果说，现在的孩子不容易，那么现在的ADHD患儿就更加不容易了。

结果，这些患儿在学业上往往无法达到其应有的水平，因为哪怕窗外飞过一只鸟这种极小的干扰也会让他们的思绪（甚至整个身体！）开始游走，而不再听老师讲课。这一点与他们学习成绩不佳关系密切。而且不幸的是，这种总在课堂上走神或需要老师额外关注和监督的孩子往往无法从老师那里得到他们急需的理解和同情；相反，老师只会对他们感到不耐烦，甚至对他们大加斥责，导致问题进一步加重。

不仅老师不喜欢他们，这些患儿的同龄人也不喜欢跟他们打交道。假如一个 6 岁孩子正在与朋友们玩耍，大家一起轮流玩着什么。可这个孩子无法克制冲动并频频抢先，那么其他孩子会做何反应？反应肯定是负面的。如果违反规则的行为只是偶尔发生，大多数孩子也不会在意。但如果有孩子反复这样做，他就可能遭到其他人的排斥和疏远。

我们知道，与常人相比，ADHD 患儿在生活中更难获取成功，也更难拥有良好的人际关系。然而奇怪的是，这些孩子的智商却往往处于中等甚至偏上水平，这实在令人唏嘘。

ADHD 患儿知道自己有些不对劲。哪怕只有 7 岁的患儿也能在环顾四周时发现别人都有朋友，并疑惑为何自己没有。"我的同学总是接到参加生日聚会的邀请，可从来没人邀请我。"或者："我觉得我跟别的孩子一样聪明，可他们门门都是'优'，我却门门都只是'及格'。"

他们对现状的认识能帮助我们理解为何多达 70% 的 ADHD 患儿会在成年后罹患抑郁症。他们会认为，造成这些差异的根源是他们自己。因为那个 7 岁的孩子并不知道自己大脑的构造与众不同。他只看到别人不喜欢自己，自己也比不上别人。

ADHD 患儿很少能找到自己的闪光点，于是往往选择用不健康的方式来适应，例如逃避、压抑和拖延。有时，他们也会沾染酒精等物质。当然，还有电子游戏。

● 为注意缺陷多动障碍患者"量身打造"的电子游戏

电子游戏尤其吸引 ADHD 患儿。它们紧张刺激，引人入胜，色彩鲜艳，音效震撼，让人兴奋不已，能成功地吸引患儿的注意。

电子游戏能促使玩家集中注意力、体验进步、达成目标、参与竞争、融入群体并享受胜利的喜悦，这些都是 ADHD 患儿在现实生活中难以体验到的东西。电子游戏的出现，让他们在虚拟世界中体验到了前所未有的平等和成就感。

想象你极度专注时的感觉。你的身心都专注于同一件重要的事，你处在"心流"状态。也许你正在写作、画画、跑步或弹琴，你全身心投入其中。体会一下，那种完全沉浸其中、大脑高效运作的感觉是多么美妙。

现在来思考这个问题：ADHD 患儿只能从电子游戏中获得这种快感。电子游戏刚好为 ADHD 患儿提供了进入心流状态所需的强烈而丰富的感官刺激。

电子游戏不仅适应 ADHD 患儿注意力不足的特点，还适应他们容易冲动行事的特质。ADHD 患儿常常能坐下来，一连玩上好几个小时的电子游戏，他们的所有冲动都消失了。

最后，电子游戏还能帮人舒缓情绪，因此 ADHD 患儿也能借此来调节情绪。只需按下按钮，他们就能让大脑专注于某件事情，进而平静下来。对 ADHD 患儿的大脑来说，这是一种极大的解脱。

遗憾的是，虽然电子游戏的丰富画面、震撼音效和让人欲罢不能的游戏体验让 ADHD 患儿玩得不亦乐乎，但这样做也可能<u>加重</u>症状。记住，电子游戏提供了极其丰富的感官刺激，使专注成了自然而然的事，孩子无须付出努力便能轻易做到。但问题是，他们越是依赖电子游戏，他们的专注力就越差，他们就越难在现实世界中取得成功，于是他们便会进一步依赖电子游戏，如此恶性循环。

如果你从没想到过 ADHD，那么请将其纳入考虑，并考虑接受临床评估。如果评估结果显示，你家孩子确实患有 ADHD，那么你就要首先解决这个问题，例如联系校方获取相应帮助，以及带孩子接受治疗。如果不先治疗 ADHD，孩子玩游戏的行为将很难得到控制。因为即使电子游戏能大大削弱孩子的注意力和控制冲动的能力，它们也能带给孩子快乐。因此，如果你家孩子只能靠游戏来集中注意力并获取成功，那么他一定不会轻易放手。

遗憾的是，对于 ADHD，我们并没有简单快速的解决办法。不过，在评估和诊断后，我们知道，心理治疗（孩子可以借此表达挫败感，并且学到应对之策）和药物治疗肯定会有帮助。

● 在自己家里做出努力

在接受专业帮助的同时，你也可以在自己家里做出一些努力。

执行功能指为达成目标而提前规划和安排的能力。我们在前面提到过，ADHD患儿在遵循指示和保持专注方面存在困难，因此他们在执行复杂计划时往往容易分心或被干扰。随着年龄的增长，他们在学校的学习任务会越来越重，于是容易出现问题。

你越是能帮孩子在生活和学习上做好安排，让他保持专注，你就越能降低孩子对游戏的兴趣。帮助孩子培养特定事项的执行能力也非常有益，例如在上学前一天晚上或当天早上引导孩子为上学做好准备。

你还可以教孩子更好地使用各种工具来跟踪并管理他的各项学习任务，例如计划本、日记本、清单和详细具体的日程表。同样重要的是，你还要在孩子的能力范围内教他如何学习。不论孩子的症状是轻是重，你们都要找到孩子在学业上的优势和劣势，并努力发挥所长。

你也应该跟孩子聊聊他特殊的大脑构造与游戏行为之间的联系。

与其他精神或心理疾病相比，人们对ADHD的偏见较少，因此你有时可以说得直接些：

你知道 ADHD 是什么吗？你有没有怀疑过自己有 ADHD？

如果你家孩子对 ADHD 所知不多，你就可以旁敲侧击地跟他聊聊：

有没有别人觉得很容易的事情，你却觉得很难？能跟我详细说说吗？

不过，即便来自外界的偏见较少，ADHD 也还是会让孩子产生相当的羞耻感。发现别人能轻易做到的事情自己却做不到，孩子会非常难过。如果你发现孩子感到羞耻和挫败，你就可以对他说：

你有时会不会因为做不了好像并不难的事情而觉得自己很失败？

嗯，听起来你真的很不容易。不过这并不是你的错，完全不是。人的大脑结构是有差异的。我们要不要去看看医生，可能需要诊断一下，这样就能采取措施来改善，你觉得怎么样？

你也要小心地向孩子了解 ADHD 对日常生活的负面影响。

你可以提出一些开放式问题：

你跟别人相处得怎么样？
有人欺负你吗？
你是不是经常被别人笑话？
你的学习成绩怎么样？你对自己的成绩有什么感受？

最重要的是要记住，战胜游戏瘾的关键是，让孩子的心理需求被现实生活满足，而非被电子游戏满足。对于 ADHD 患儿，要做到这一点尤其困难。他们从电子游戏中获得的满足，以及他们借助电子游戏所规避的不适都要多于常人。不过难归难，问题也并非不能解决！

冷却你的念头！

我喜欢教给患者的一条情绪调节策略叫"冰潜"（在冰冻水域潜水），它利用的是"潜水反射"（生物浸没水中时的一系列生理反应）原理。

别担心！这里不涉及装有冰水的游泳池，你也不必住在北极。我所说的冰潜是你可以在家做的一种冥想练习。通常，情绪失控的人会哭泣、愤怒或大发雷霆，这是因为他们的交感神经系统被激活了。记住，这一反应是由大脑的杏仁核触发的("战斗与逃跑反应"也来自它的命令)。这时,我们的身体会大量分泌肾上腺素和皮质醇。我们心跳会加快,思维也会极端化,变得非黑即白。

在这种状态下,我们需要阻止肾上腺素分泌,因为此时的我们无法正常思考问题。这时我们就可以利用潜水反射来做到这一点。当哺乳动物落入冷水中时,它们的呼吸和心跳会立即变慢。大脑也会下令停止分泌肾上腺素,以迫使身体放松,增加生存的概率。

如果你在冷水里游过泳,那么你很可能亲身感受过这一切。如果你缓慢入水,那么这当中的每一秒都会非常痛苦,是不是?而如果你一下子跳进去,只需经过极短的寒冷冲击,你的身体就会立即麻木,不会让你感到痛苦。许多治疗师(特别是治疗 ADHD 患儿的治疗师)会教他们的患者利用大脑的这一自然生理反应来缓解症状。潜水反射可以通过把脸浸入冷水中来触发。准备一个水槽或水桶,往里面倒一些冰块,加满水,接着迅速把脸没入水中。

显然,你家孩子在学校是无法做到这一点的。不过,只要提前做好计划,并且获得校方配合,孩子就能拿到冰块。拿一个冰块攥在手心里(忍不住时换另一只手)同样能触发潜水反射(只是效果略差),从而提升专注力。

第 13 章
难题 2：
电子游戏与孤独症谱系障碍

由于多种原因，包括人们对孤独症谱系障碍（ASD）的认识不断深入和诊断技术的进步，该病的诊断数量在过去 15 年里暴增了 5 倍。而且，ASD 与游戏成瘾之间也存在相当高的共病率。

"谱系"一词意味着孤独症的症状既可以非常轻微，也可以极其严重，而且不同患者的感受和体验也差异巨大。症状严重者的患儿在语言或社交能力方面发育滞后，他们的神经障碍在很小的时候就能被诊断出来。谱系的另一头是高功能孤独症患者，他们在某些方面的能力超过常人。实际上，高功能孤独症患者可能看起来完全正常，特别是其中的高智商者。此外，患儿本人和父母都可以针对症状形成许多补偿机制，导致症状被掩盖，增加确诊难度。

不过尽管如此，我们的诊断工具也正在变得越来越先进，相应的支持和治疗选项也越来越丰富。如果你家孩子有下面这些表现，那么就可以考虑带他去做临床评估。

- 社交困难
- 有重复性行为，医学上称为"刻板行为"
- 难以控制自己的冲动
- 缺乏共情能力
- 有问题行为，爱发脾气
- 无法理解你的想法和感受

如果你家孩子有孤独症却没有得到诊断，那么你或许就无法像本书第三篇中讲解的那样设立规则了。因为这样一来，我列出的标准步骤就会缺少几个重要条件，例如沟通的能力、回答开放式问题的能力，还有接受不同于自己观点的其他观点的能力。孤独症患儿与父母在理解上的落差会让双方都感到非常难受。

● 电子游戏对孤独症患者的危害

有的孤独症患者缺乏共情能力，难以理解言外之意。他们能处理明确的、直接陈述的信息，却难以领悟语言背后的隐含信息（如社交暗示），因此，他们可能会觉得这个世界难以理喻。不幸的是，现实生活中的行事规则有时是表面一套，背后一套。例如，孤独症患者可能会问一个重要的朋友："我忘了你的生日，我有没有让你伤心？"对方可能会回答："没有，我没有伤心，没关系。我知道你很忙。"但实际上，对方确实感到伤心！常人会理解对方其实很难过，而孤独症患者可能就理解不了。

这就是孤独症患者酷爱电子游戏的原因——这一人为构建的世界简单易懂，因为一切都解释得清清楚楚、明明白白。所有规则和奖励机制都没有模糊地带，而且稳定不变。

此外，ASD 患儿爱玩游戏还有许多与 ADHD 患儿爱玩游戏相同的原因——电子游戏满足了他们的许多社交需求。孤独症患儿往往难以在面对面的互动中与同龄人打交道，所以，他们很可能在接触电子游戏之前就已经存在严重的社交障碍。但是，对线上社交的依赖却只会加重他们回避大多数社交情境的基本倾向。毕竟，电子游戏为一些孤独症患者提供了全新的、舒适得多的社交渠道。因为在那里，所有人都是平等的。没有人需要去解读他人的面部表情或语气，或者展现自己的身体语言。

许多（若非大多数的话）孤独症患者有重复性的刻板行为，喜欢高度确定性的环境和按部就班的安排，而电子游戏正好符合这一要求，于是孤独症患儿容易全身心投入其中而无法自拔。

电子游戏也能带给玩家稳定感，这对一些孤独症患者来说非常有吸引力。他们可能不会玩《堡垒之夜》这类游戏进程难以预料的游戏，却可能会非常喜欢玩大型多人在线角色扮演游戏。这类游戏里有很多重复的任务，需要玩家按照特定的、可预测的顺序来完成。

● 接下来做什么？

要帮助孤独症患儿逐步摆脱电子游戏，你仍然需要遵循我们在第三篇里讨论过的关于设立规则的一系列方法。但是总体上说，你还要特别注重"具体"二字。孤独症患儿不擅长抽象思维，所以目标一定要设定得具体而明确。

例如，对孤独症患儿来说，开放式问题可能是极难回答的。他们往往考虑得非常具体。因此，你可能需要使用封闭式问题，例如可以用"是"或"不是"回答的问题。

你有没有怀疑孤独症是你沉迷于游戏的原因之一？

你跟别人在一起的时候觉得紧张吗？

你是不是因为玩游戏时比跟别人在一起时更舒服所以才玩？

让孩子在游戏规则的执行方面拥有明确的预期也非常重要，这么做能大大减轻孩子的抗拒。同时，你也要给孩子机会来阶段性地调整规则。另外，设立和收紧规则可能会造成非常大的影响，让孩子产生巨大的情绪波动。尽可能温柔地对待孩子，一步一步慢慢来。

对于规则的改变，孤独症患儿接受起来要比常人困难。问题的关键不在于改变的大小，而在于改变本身。好消息是，一旦孩子养成习惯，你就无需再费力了，因为患有孤独症的孩子喜欢按部就班。

最后，请记住，让孩子在自己房间玩游戏会使游戏时长增加50%。如果你家孩子患有孤独症，那就一定要把游戏设备从他的卧室里拿出来。

同样，你也要限制孩子接触我之前提到的大型多人在线角色扮演游戏。因为一些研究发现，这些角色扮演游戏与我们精神科医生认为的"对抗行为"有关联。孤独症患儿可能本身就有频繁抗拒、过度愤怒或极易激惹等对抗性倾向，所以你肯定不想任由他沉浸在这种有可能强化这类行为的游戏里，让问题进一步恶化。

● 请寻求帮助！

如果你家孩子经常出现对抗行为，那么不论其成因是 ADHD、ASD，还是其他复杂因素，我都强烈建议你：赶紧去治疗！

常规的养育方式（以及背后关于养育的基本假设）可能并不适用于有对抗行为的孩子和 ASD 患儿。通常，这些孩子的父母们已经在长年的养育过程中初步适应了这种对抗行为，但即便如此，接受治疗也仍旧非常重要。而且，不止孩子要接受治疗，你也要为自己寻求支持！

有时候，孩子患有孤独症，可孩子自己和父母都没有意识到这一点。这是因为父母在日常生活中做出了适应性的改变，调整了育儿方式，进而帮孩子在现实世界中取得了成功。他们最终找到了应对这一疑难问题的方法。

不过，即使你在尽力应对，你也需要找到一位真正优秀的医生来帮你，这非常重要。医生会告诉你，孩子能够或不能应对哪些情况。

很多时候，孤独症患者其实有能力做某些事情，可他们却利用自己的病情来逃避。在为孤独症患儿提供便利的同时，我们也应要求孩子承担一定责任，可这一平衡该如何掌握？孩子在成长和发展，能力也在不断变化，我们很难判断自己是否要求孩子过多。这时，一位优秀的医生就能帮上我们的忙，让我们知道自己有没有掌握好这一平衡。

第 14 章
难题 3：
电子游戏与抑郁症或焦虑症

大多数青少年或多或少都有点情绪化。他们有时会顶嘴，有时闭门不出，有时早上赖床。由于这些表现都是青少年的典型特征，所以我们很难判断它们到底是正常表现，还是某种疾病的症状。

不仅青少年的行为可能让我们担忧，更年长的孩子也会遇到挫折。比如孩子大学毕业却迟迟找不到工作，于是情绪低落，自尊心受到伤害，早上或许还赖床不起。这时，做父母的你难免会想，这到底属于正常反应，还是已经到了抑郁症的程度？

临床上讲的抑郁症可能会让人感到困惑，特别是在你完全没有发现或不知道是什么事让孩子深陷悲伤或情绪低落的时候。如果你在成长历程中从未见过家人或亲友罹患抑郁症，那么你的困惑还会严重十倍。在从未见过抑郁症的你看来，人只有遭遇不幸才会感到悲伤。然而你要明白：抑郁症之所以是一种临床疾病，是因为哪怕一切安好，患者也仍旧可能忧伤不已。

当然，谁都会遇到伤心事。但如果事后迟迟无法恢复，那就可能需要干预。与恋人分手后难过了一两个月有问题吗？可能没什么问题。但如果悲伤持续更久，或者毫无缓解的迹象，那就要重视起来了。

要想了解你家的游戏迷是否也患有抑郁症，我们就得关注问题的根源，例如快感缺失（无法体验到快乐）和负面的自我态度，而非症状。

● **快感缺失**

通常，生活里总有许多惊喜，例如有趣的活动、美味的食物，以及令人期待的计划和安排。也许你家孩子总盼着周末去参加聚会，好跟他的朋友们一起玩。也许他酷爱看电影。或者，他特别喜欢为圣诞节忙前忙后，收送礼物，与家人共享轻松时光。

而当人患上抑郁症时，他从这些趣事中感受快乐的能力就会受损。在他看来，生活是灰色的，他不想再去做那些曾经带给他快乐的事情，有时连吃饭也成了负担。他不再期待圣诞节、购物、看电影或参加聚会，因为这些事情已经无法再让他快乐。如果人不再视生活为享受，他就得逼迫自己参与其中，最终让自己疲惫不堪。

你了解你家孩子，知道他喜欢什么。如果那些东西无法再吸引他，这种状态就叫作快感缺失。哪怕牢骚满腹、情绪多变的青少年也仍然喜欢做自己钟爱的事，但快感缺失的孩子则不同。

● 负面的自我态度

生活顺心时，我们往往能看到自己的闪光点："我很棒！"或者："那件事我做得很完美。"然而在另一些时候，我们却可能无情地批判自己："我真蠢！"一般来说，人有这些想法都很正常。

但是，长期处于自我批判的状态就是临床上所说的"负面的自我态度"了。这种持续深陷羞愧、内疚和绝望而无法自拔的状态完全不正常。如果一个人总是从非常负面的角度看待自己，认为自己毫无希望，久而久之就可能产生自杀的念头。

工作中，我经常听到抑郁症患者用非常负面的语言谈论自己。例如："没有我，我家里人会过得更好。""我活着纯粹是浪费粮食。""我没有给这个世界带来一丁点快乐。""要是再也见不到我，所有人都会更开心。"这类负面看法可能还会伴随多种情绪，例如悲伤和内疚。这也可能表现为指向自己的极度沮丧或愤怒。虽然悲伤、低自尊，甚至在重压下偶尔出现自杀的念头也可能是人在面对生活时的正常反应，但持久存在的负面自我态度却是抑郁症的典型特征。

● 电子游戏与抑郁症

电子游戏与抑郁症之间有何关联?还记得抑郁症患儿有快感缺失的症状吗?如果这世上有专门用来刺激大脑释放多巴胺,从而让人感受到快乐的东西,它会是什么?没错,它就是电子游戏。它是促使大脑释放多巴胺的专家。

现在,我们来想想负面的自我态度。如果你家孩子患有抑郁症,那么他就会有许多负面情绪。现在想象一下,假如有某种活动能抑制这些负面情绪,那么你认为孩子会不会喜欢上它?当然会。而这正是电子游戏的拿手绝活。

除神经科学方面的原因外,抑郁症患儿喜欢玩游戏还有另一些更为微妙的因素。我们知道,抑郁症患者对自己持有非常负面的看法,认为自己在现实生活里一无是处。然而在虚拟世界中,他们却拥有受人尊重和喜爱的虚拟身份。在游戏里,他们从来都不是什么小角色,而是主角。他们是英雄,并且往往是赢家。他们总是非常特别。对抑郁症患者来说,一个能让他们感到妙不可言的虚拟环境很可能会让他们沉迷其中。

● 你发现了吗?

你家孩子或许不是一直在难过或哭泣,但如果留意的话,你很可能就会发现一些细微的变化。焦虑（稍后会详细讨论）有时看起来像是抑郁，我们在生气和沮丧时也是如此。但是，你家孩子有没有变得不那么活跃，或者不再像过去那样积极参与某些活动？

也许在从前，你总是有把握在孩子心情不好时逗他发笑。如果他过去一周过得不顺心，你总是有各种对策。但是现在，你曾经屡试不爽的很多做法似乎都不再奏效了。如果孩子得了抑郁症，那么就会出现这种情况。

当快感缺失来袭，孩子无法像过去那样获取快乐时，你可能就会看到孩子沉迷于电子游戏。你的直觉告诉你，孩子有些不对劲，因为电子游戏正在把他与别人隔绝开来。他变得急躁易怒，闭门不出，也不再和朋友们一起玩耍。

身为父母，你会本能地想要立即纠正孩子的行为。于是，你试图收走游戏设备，让孩子重新找朋友玩，或者让他重新跨上他曾经喜欢的山地车。但是，如果孩子已经进入快感缺失的状态，你出于好意的做法就会适得其反，因为他玩游戏就是因为他曾经喜欢做的事已经无法再让他找回过去的感觉了。朋友和山地车无法带给他快乐。

面对这样的局面，你和孩子都会感到很难受。在你的强迫下，孩子只能勉强自己，这完全没有意义，反而使孩子因为无法做自己喜欢的事而感到愤怒和沮丧。现在，孩子会认为你根本不理解他，而这又会把他推得更远，让他更加愤怒和沮丧。并且，这些愤怒和沮丧是指向你的。

请注意，当孩子患上抑郁症后，整个形势已经完全改变了。

●● 沟通，而非急于改变现状

我一开始就说过，你要做的第一件事就是与孩子谈话。跟孩子一起坐下来，给他畅所欲言的空间。如今，抑郁症在青少年中已经是常见话题，特别是在互联网上，所以孩子或许早就有一肚子话想跟你说。

你和你的朋友们谈到过抑郁症吗？
我注意到一些情况，你能跟我简单说说你最近的感受吗？
你有没有怀疑过你可能得了抑郁症？

多使用缓和的措辞会很有帮助，比如使用"也许""可能"这样的词，这么做可以让孩子更轻松地进入谈话，而不会觉得你在指责他。像往常一样，运用开放式提问和回声式反馈，不要试图评判或纠正他的话。这很难做到，因为你会有情绪。最难运用回声式反馈的时候就是孩子感到痛苦的时候。如果孩子把自杀的想法吐露了出来，你想不惊慌是极其困难的。（还记得杏仁核吗？现在，你的杏仁核就非常活跃——当然会这样！——因为你的孩子正处在危险之中。）作为父母，你的职责是让孩子说下去，你只负责倾听。不过，一旦谈话结束，假如涉及自杀问题，你就要立即寻求专业帮助，这非常重要。

对于你提出的某些问题，孩子可能会回答："嗯，好像是吧。"这时，你可以先肯定孩子的话，接着再鼓励他展开说说。

我有点不明白，你能详细说说吗？

对于抑郁症话题，回声式反馈极为重要，可父母们的常见回应却是下面这样的：

孩子："我觉得没人喜欢我。"
父母："怎么会？所有人都喜欢你。我爱你，你是这个世界上最可爱的孩子，你棒极了！"

如此回应看似没问题。你确实爱孩子，孩子也确实很棒。这样说当然有安慰作用，但是对抑郁症患者来说，如此回应只会让他觉得你根本不理解他，因为这与他的感受完全不同。所以，你要退后一步，允许孩子继续说下去。你首先要做的是倾听，等孩子把想说的全部说完，把所有暗黑能量全部倾倒出来，你才能告诉他你爱他。倾倒完"有毒"的情绪后，孩子才会有更多空间来盛放你的爱与安慰。

虽然你不想一直说个没完或急于解决问题，但是也不要回避

它,这同样重要。去吧,问问孩子那个你心里放不下的问题:

你有没有觉得你可能得了抑郁症?

我常听父母们说,他们不想问这个问题。在我看来,这是因为这么做可能会让他们感到愧疚。如果孩子抑郁了,那必然意味着你做错了什么,不是吗?如果你做得更好,孩子就会更快乐。在这些父母看来,父母当得越称职,孩子就越快乐、越成功、越积极。

但是不要忘了,临床上讲的抑郁症并不是对生活里的负面事件的反应。这样开门见山地问常常能打破坚冰,为孩子接受帮助开辟道路。有时,孩子怀疑自己得了抑郁症却不敢承认,害怕暴露自己软弱的一面。如果你提到这种可能性,就可以帮助孩子,而不会引发抑郁!

记住,你需要与孩子结成亲子联盟,这么做不只针对游戏行为的调整,也针对孩子的心理问题。孩子需要知道,你和他是站在一起的。鼓励孩子参与讨论远比把你想让孩子接受的现成结论(你可能游戏成瘾了,或者你可能得了抑郁症)抛给他更有效。

不要拽着孩子往前走,而是要陪在孩子身边,给他自由,让他走他自己的路。

●● 电子游戏与焦虑症

焦虑症是困扰当今许多孩子的另一种心理疾病，而且，它与游戏成瘾的共病率也相当高。广义的焦虑涵盖了好几个不同的概念。其一，焦虑是一种情绪或感受，例如我感到有点焦虑。其二，焦虑是一种认知过程，例如我有焦虑的想法或我感到担心。虽然所有人都不时会有焦虑的想法，但当这些想法、生理反应或情绪影响到他们的社会功能时，焦虑就成了焦虑症。

就本质而言，焦虑是我们在预见到问题时被激活的一条脑回路。它也是一种保护机制，一旦预见危险或问题来临，我们就可以努力去预防，从而保护自己免受伤害。焦虑是一种生存本能，是人生来就有的特质。

说到底，我们焦虑的都是未来的事情。尽管焦虑感存在于当下，但我们也是在预见未来的后果。有些人或许觉得自己焦虑的是过去，但只要深入探究一番，你就会发现，他们其实是在担心过去的行为对未来的影响。

如果我们把思维聚焦于当下，焦虑就会减轻。这正是大脑在玩游戏时的状态，也是冥想等疗法对焦虑如此有效的原因，因为冥想就是在训练你把思维拉回到当下。

焦虑正在席卷全球。我们越来越常听到关于心理健康水平下降，特别是焦虑日趋严重的报道。为什么会这样？医学在进步，人们的生活变得更加安全和富裕了，为什么焦虑却在加重？

有人认为，焦虑加重是因为社会在变化，例如性别关系在变，气候在变，种族关系也在变。凡此种种，不一而足。这些变化引发焦虑是有道理的，但是从医学的角度看，焦虑有两个来源：一个是认知上的，一个是生理上的。如今，我们深受焦虑困扰，部分原因往往是我们没有切断其中的某个来源。

认知焦虑是围绕特定对象或不安感而产生的焦虑，它是从特定经历中习得的行为，通常可以追溯至我们的童年时期。而生理焦虑则是由我们的身体和大脑创造出来的焦虑体验。感到焦虑时，我们身体和大脑会产生一系列生理反应和变化。肾上腺素激增会让我们手心出汗，有时还会产生恶心的感觉。

肾上腺素到达大脑后会影响人的思维，让假想的画面变得更为真实，同时还能降低我们认知的灵活性，让我们非黑即白地看待问题。当然，在丛林中遭遇老虎时，这种非黑即白的思维方式非常重要。因为我们能否活命取决于我们能否迅速采取行动，取决于我们在那一刻能否非黑即白地看待世界。

与焦虑紧密相连的另一种压力激素是皮质醇，它是一种长效激素。在焦虑状态下，我们的肾上腺皮质会分泌皮质醇，它到达大脑后也会引发一系列反应，例如防止我们睡着和放松，提高血糖水平。在一些情况下，例如在丛林中，这也是很有帮助的。摆脱猛兽后，我们的肾上腺素水平会迅速下降。但是，皮质醇作为一种长效激素，作用可持续约 24 小时。逃离老虎后，我们并不想进入深度睡眠状态，而只想要很浅的睡眠，甚至需要提高血糖水平来让我们保持清醒,因为那只老虎可能还在追寻我们的踪迹。

问题是,在当今社会,导致皮质醇水平升高的那些危险并不是在夜里保持清醒就能够规避的,例如偿还抵押贷款,担心离婚,甚至担心孩子与恋人分手。于是,皮质醇反倒起了反效果,因为应对这些危险恰恰需要我们夜里能睡个好觉。可惜,我们的大脑已经进化成了这副模样——通过让我们保持清醒来帮我们活下去。

●● 蔓生的焦虑

当我们产生某个焦虑的念头时,那个焦虑的念头还会激发其他焦虑的念头,接下来,这些焦虑的念头还会激发更多焦虑的念头。很快,我们就会被所有这些念头压得喘不过气来。

然而不幸的是,无论我们对一个问题有多么担心,这些蔓生的焦虑的念头其实都不能解决问题。你已经快要受不了了,而问题却没有解决分毫。这些蔓生的焦虑的念头,或者叫"灾难性"思考、"灾难性"放大、"灾难性"反刍,正是让人无法摆脱焦虑的元凶。

缓解焦虑的一种做法是分散注意力,而这一点正是电子游戏的拿手好戏。电子游戏能迫使我们忘掉焦虑的念头,帮我们斩断蔓生的"灾难性"思维。可问题是,一旦找到应对焦虑的办法,我们就会依赖它。如果你家孩子有焦虑情绪或得了焦虑症，那么只要焦虑感袭来，他就会想要玩游戏。这是一个恶性循环，因为很多时候，玩游戏太多也是焦虑的根源之一。

我亲身体验过这种恶性循环。在我的西班牙语课越落越多的时候，我发现如果我去上课会很尴尬。因为我已经落了一整周的课。如果我突然出现在课堂上，别人会怎么看我？教授会说些什么？到底要不要去上课？这一焦虑促使我继续玩游戏。于是，本来可以解决的缺课一周的问题变成了缺课两周。这时想要解决问题，困难就增加了许多。缺课三周后，我终于绝望了。我怎样才能回到西班牙语的课堂中呢？一阵强烈的焦虑感袭来，提醒我继续玩游戏。可继续玩下去，现实又会提醒我，我的西班牙语课落得更多了，于是我又产生了更多的焦虑，又需要玩更多游戏来化解。

我们也从脑成像图中发现，在玩游戏时，我们感受焦虑的脑区是受到抑制的。问题是，这种抑制只是暂时性的，并不能解决根本问题。只要游戏结束，焦虑就会卷土重来。

而且别忘了，孩子玩游戏越多就会越不善社交，而越不善社交就越不会去社交，从而进一步加剧他的孤立状态。而孩子越是感到孤立和焦虑，他就越是会去玩游戏。

如何帮孩子在不依赖电子游戏的前提下缓解焦虑呢？你需要从沟通做起。

●● 与孩子谈谈焦虑的话题

与孩子谈论焦虑类似于谈论抑郁。首先要提出一些开放式问题：

你和你的朋友们谈到过焦虑症吗？你有没有这方面的问题？
你能跟我说说焦虑是一种什么样的感觉吗？
你做过哪些调整？

与往常一样，你一边听，一边要大量使用回声式反馈，表达共情：

嗯，好像确实很难啊。听起来焦虑对你影响很大，让你对很多事情失去了兴趣。焦虑是怎么影响你的生活的，能举个例子吗？

在提出调整方案前，你可以这样问孩子：

这是你想要下功夫去改变的事情吗？我们要不要聊聊如何去改变？

继续提出开放式问题。
与养育中遇到的许多问题一样，以上谈话也需要进行多次，并且要分散在不同的时间，这么做更易促使孩子实现持久的转变。同样重要的是，不要强迫孩子做任何事，以免他与你对着干。

不要在这样的谈话中设立规则，而要努力营造一种能够允许他畅所欲言的安全氛围。不要跟孩子抢话说，而要退后一步，让谈话自然地展开。整个过程将持续数天、数周，乃至数月。孩子早晚会表达心声的。

在你们双方达成了一定的共识时，如果你想带孩子去做临床评估，那么就可以这样问他：

去找医生做个评估吧，你觉得怎么样？

如果还没有做评估，就不要谈治疗的事。我们的做法一贯是：首先了解情况。

附录一：
游戏行为调整的不同阶段及注意事项

前意向阶段

特点
- 孩子不知道自己有问题。
- 孩子否认问题的存在。

易犯错误
- 努力说服孩子他有问题。
- 强迫孩子服从，损害亲子关系，而且只有短期效果。停止监督后故态复萌。

正确做法
- 开放式提问，引导孩子思考问题。
- 不评判，以免激发孩子的心理防御机制。与孩子一起了解情况，更加深入地理解游戏行为。

意向阶段

特点
- 孩子内心存在矛盾或冲突。

- 孩子认识到玩游戏有好处，也有坏处，但他认为负面影响还没有严重到需要持续付出努力去改变的程度。
- 孩子偶尔付出努力，但无法持久。今天觉得要改变，第二天又觉得没必要这样做，在态度和行为上缺乏稳定性。

易犯错误：

- 你强调玩游戏的坏处，逼迫孩子改变。
- "我一直都在说，这么玩是不行的，谢天谢地你终于明白了。"
- 你改变中立立场，过分关注孩子对玩游戏的坏处的认识。
- 对于玩游戏的好处和坏处，你只用自己的逻辑来判断，而不关心孩子怎么想。

正确做法：

- 始终保持冷静，接纳孩子内心的矛盾和冲突，随时强调孩子所忽视的一面。例如孩子关注玩游戏的坏处，你就要指出他认为的玩游戏的好处；而如果孩子关注玩游戏的好处，你就要指出他认为的玩游戏的坏处。
- 让孩子知道你理解他的两难处境。"没错，你喜欢玩游戏，可是玩游戏也有坏处。玩游戏确实有坏处，可是游戏也好玩呀。"

- 运用回声式反馈，只把孩子告诉你的信息反过来说给他听。你的话语可以稍稍夸张些，以此来温和地推动孩子向正确的方向转变。

⬇ 准备阶段

特点：

- 孩子发现现状必须改变。
- 孩子已经意识到，做出改变能让自己获益，得到自己想要的东西。

易犯错误：

- 你为孩子打算改变感到惊喜，直接开始讨论调整方案。
- 你凭借对孩子的了解单方面制订调整方案。
- 没有让孩子参与到制订方案的过程中来。

正确做法：

- 你可以为孩子提供一些选项，但要让孩子来选。
- 允许孩子选择调整点以及做出改变的程度。
- 孩子知道如何做才最容易成功。

⬇ 行动阶段

特点：

- 你和孩子一致认为，必须立即改变现状。

- 虽然你和孩子都有很大的动力去改变，细节也充分考虑过，但这还不能算成功。

易犯错误：

- 你和孩子都没有认识到，改变是一个过程，而且很可能要经历多次失败才能见到持久的效果。
- 你容易退回到对孩子过度控制或代替孩子解决问题的状态，使孩子丧失独立性和掌控感。
- 你坚持让孩子遵守之前的承诺或你们确定的事项，而不屈服于他的抗拒，或使用适合当前阶段的做法。例如，你家孩子有时可能会再次否认问题的存在。这时，你应该给孩子一些空间，并且通过提问来找回先前的共识。

正确做法：

- 定期例行检查。
- 允许孩子掌握做出改变的节奏。
- 坚决执行你们共同定下的规则，同时运用开放式提问和回声式反馈来应对孩子的负面情绪。

附录二：
"健康玩家"疗法周计划表

许多父母希望得到一份详细的步骤清单，以便能清楚地知道每周该做些什么。下面是一份为期 8 周的行动路线图。注意，前两周要做的事只涉及你，不涉及孩子。我的目的是让你通过阅读这两篇内容，对接下来要采取的行动有所了解。我并不是说你必须花两周时间来读这几十页内容，而是说你需要花费一些时间去阅读，把书中的内容真正理解和吸收，这样才能为随后的行动做好准备！

第 1 周

阅读本书的第一篇内容。

第 2 周

阅读本书的第二篇内容，至少读完第 6 章。

第 3 周

开始练习你在第二篇里学到的沟通技能。

- 练习开放式提问和回声式反馈，最好也能与孩子以外的其他人练习。
- 与孩子进行第一次谈话。

- 向孩子解释,过去你一直在按照自己认为最好的方式行事。但现在你意识到,在约束他玩游戏的同时,你其实并不了解他的想法。必要时向孩子道歉。告诉孩子,你希望在随后一个月里更多地了解他的想法,同时也不会改变现有的游戏规则。你希望,在进一步理解他的想法后,你们能一起设立出更符合他意愿的游戏规则。
- 邀请孩子每周与你聊一次。
- 先问几个宽泛的开放式问题。

第4~6周

继续与孩子谈话,询问开放式问题,尝试理解孩子的价值观。

- 参考使用第6章里建议的问题。
  - 先问几个宽泛的问题,例如:"你玩游戏的时候有什么感觉?"
  - 逐渐过渡到涉及价值观和心理需求的问题。
    - 这几周的目标是发现孩子真正关心的事情,以便用它们来指导游戏规则的设立。设立游戏规则是为了实现孩子的目标,而非你的目标。
    - 努力识别孩子借助游戏来满足的心理需求,例如挑战与成就感、认同、社交和安全感。
- 阅读本书第三、四篇。
  - 必要时,在第5周后加入一些有关精神健康的问题。

第 7~8 周

开始分享你的看法,为设立游戏规则打基础。

- 询问孩子可否谈谈你的看法。
- 清晰地说出你关心的事项。请注意,这么做不是为了说服孩子,而只是陈述你的观点。而后引导孩子复述你的意思。(例如:"你觉得我在担心什么?")
- 找到你们共同信奉的价值观,说明设立游戏规则是为了实现你们共同的目标。
- 想想你能够执行哪些规则,接着把这些规则和相应的目标告诉孩子。

第 8 周之后

按照《拟定游戏行为调整方案(一)》(详见第 129 页)和《拟定游戏行为调整方案(二)》(详见第 148 页)逐步实施。

参考文献

前 言

Kuss, Daria J. "Internet Gaming Addiction: Current Perspectives." *Psychology Research and Behavior Management* 6 (2013): 125–37.

Tao, Ran, et al. "Proposed Diagnostic Criteria for Internet Addiction." *Addiction* 105, no. 3 (2010): 556–64.

第 1 章

Everitt, Barry J., and Trevor W. Robbins. "Neural Systems of Reinforcement for Drug Addiction: From Actions to Habits to Compulsion." *Nature Neuroscience* 8, no. 11 (2005): 1481–89.

Goldstein, Rita Z., and Nora D. Volkow. "Drug Addiction and Its Underlying Neurobiological Basis: Neuroimaging Evidence for the Involvement of the Frontal Cortex." *The American Journal of Psychiatry* 159, no. 10 (2002): 1642–52.

Kalivas, Peter W., and Nora D. Volkow. "The Neural Basis of Addiction: A Pathology of Motivation and Choice." *The American Journal of Psychiatry* 162, no. 8 (2005): 1403–13.

Kühn, S., et al. "The Neural Basis of Video Gaming." *Translational Psychiatry* 1 (2011): e53.

Kuss, Daria J., and Mark D. Griffiths. "Internet and Gaming Addiction: A Systematic Literature Review of Neuroimaging Studies." *Brain Sciences* 2, no. 3 (2012): 347–74.

Lingford-Hughes, Anne, and David Nutt. "Neurobiology of Addiction and

Implications for Treatment." *The British Journal of Psychiatry* 182 (2003): 97–100.

Volkow, Nora D., Joanna S. Fowler, and Gene-Jack Wang. "The Addicted Human Brain: Insights from Imaging Studies." *The Journal of Clinical Investigation* 111, no. 10 (2003): 1444–51.

Yee, Nick. "The Labor of Fun: How Video Games Blur the Boundaries of Work and Play." *Games and Culture* 1, no. 1 (2006): 68–71.

第 2 章

Bekir, Seyhan, and Eyup Celik. "Examining the Factors Contributing to Adolescents' Online Game Addiction." *Anales de Psicologia* 35, no. 3 (2019): 444–52.

Chang, Eunbi, and Boyoung Kim. "School and Individual Factors on Game Addiction: A Multilevel Analysis." *International Journal of Psychology* 55, no. 1 (2019): 22–31.

Maden, Cagtay, and Kezban Bayramlar. "Effects of Sedentary Lifestyle and Physical Activity in Gaming Disorder." *International Journal of Academic Medicine and Pharmacy* 4, no. 2 (2022): 68–71.

Wei, Han-Ting, et al. "The Association Between Online Gaming, Social Phobia, and Depression: An Internet Survey." *BMC Psychiatry* 12 (2012): 92.

第 4 章

Burke, Jeffrey. D., et al. "Developmental Transitions among Affective and Behavioral Disorders in Adolescent Boys." *Journal of Child Psychology and Psychiatry, and Allied Disciplines*, 46, no. 11(2005): 1200–10.

Connors, Gerald J., et al. *Substance Abuse Treatment and the Stages of Change: Selecting and Planning Interventions*, 2nd ed. New York: Guilford Press, 2013.

DiClemente, Carlo C., Debra Schlundt, and Leigh Gemmell. "Readiness and Stages of Change in Addiction Treatment." *The American Journal on Addictions* 13, no. 2 (2004): 103–19.

Johnston, Oliver G., et al. "Preliminary Validation of the Parental Help-Seeking Stage of Change Measure for Child Behavior Problems." *Child & Youth Care Forum* 49, no. 2 (2020): 223–46.

Krebs, Paul, et al. "Stages of Change." In *Psychotherapy Relationships that Work: Evidence-Based Therapist Responsiveness*, 3rd edition, edited by John C. Norcross and Bruce E. Wampold, 296–328. New York: Oxford Academic, 2019.

Maremmani, Angelo Giovanni Icro, et al. "Correlations Between Awareness of Illness (Insight) and History of Addiction in Heroin-Addicted Patients." *Frontiers in Psychiatry* 3 (2012): 61.

第 5 章

Benítez, José L., et al. "Building an Expanded Therapeutic Alliance: A Task Analysis with Families Trapped in Parental-Adolescent Conflict." *Family Process* 59, no. 2 (2020): 409–27.

Bonnaire, Céline, Alexandre Har, and Howard Liddle. "Searching for Change Mechanisms in Emotion-Focused Work with Adolescents and Parents: An Example from Multidimensional Family Therapy." *Couple and Family Psychology: Research and Practice* 9, no. 2 (2020): 100–21.

Diamond, Gary M., et al. "Alliance-Building Interventions with Adolescents in Family Therapy: A Process Study." *Psychotherapy: Theory, Research, Practice, Training* 36, no. 4 (1999): 355.

Gilson, Maria Lisa, and Angela Abela. "The Therapeutic Alliance with Parents and Their Children Working through a Relational Trauma in the Family." *Contemporary Family Therapy* 43, no. 4 (2021): 343–58.

第 7 章

Muñoz-Silva, Alicia, Rocio Lago-Urbano, and Manuel Sanchez-Garcia. "Family Impact and Parenting Styles in Families of Children with ADHD." *Journal of Child and Family Studies* 26, no. 3 (2017): 1–14.

Schiltz, Hillary K., et al. "Examining Differences in Parenting Stress, Parenting Efficacy, and Household Context among Mothers of Youth with Autism and/or ADHD." *Journal of Child and Family Studies* 31, no. 4 (2022): 774–89.

Stevens, Anne E., et al. "Maternal Parenting Style and Internalizing and ADHD Symptoms in College Students." *Journal of Child and Family Studies* 28, no. 1 (2019): 260–72.

第 10 章

Beckwith, Vickie Z., and Jennifer Beckwith. "Motivational Interviewing: A Communication Tool to Promote Positive Behavior Change and Optimal Health Outcomes." *NASN School Nurse* 35, no. 6 (2020): 344–51.

Burke, Jeffrey D., Irwin Waldman, and Benjamin B. Lahey. "Predictive Validity of Childhood Oppositional Defiant Disorder and Conduct Disorder: Implications for the DSM-V." *Journal of Abnormal Psychology*, 119, no. 4 (2010): 739–51.

第 11 章

Ferguson, Christopher J., Mark Coulson, and Jane Barnett. "A Meta-Analysis of Pathological Gaming Prevalence and Comorbidity with Mental Health, Academic and Social Problems." *Journal of Psychiatric Research* 45, no. 12 (2011): 1573–78.

Piao, Mei Ying, Eui Jun Jeong, and Jeong Ae Kim. "Mental Health of Parents and Their Children: A Longitudinal Study of the Effects of Parents'

Negative Affect on Adolescents' Pathological Gaming." *Healthcare* 10, no. 11 (2022): 2233.

Pinquart, Martin, and Dana-Christina Gerke. "Associations of Parenting Styles with Self-Esteem in Children and Adolescents: A Meta-Analysis." *Journal of Child and Family Studies* 28, no. 2 (2019): 2017–35.

Tripathi, Shraddha, and Priyansha Singh Jadon. "Effect of Authoritarian Parenting Style on Self Esteem of the Child: A Systematic Review." *International Journal of Advance Research and Innovative Ideas in Education* 3 (2017): 909–13.

Yildiz Durak, Hatice, Abdulkadir Haktanir, and Mustafa Saritepeci. "Examining the Predictors of Video Game Addiction According to Expertise Levels of the Players: The Role of Time Spent on Video Gaming, Engagement, Positive Gaming Perception, Social Support and Relational Health Indices." *International Journal of Mental Health and Addiction* (2023): 1–26.

第 13 章

Craig, Francesco, et al. "A Systematic Review of Problematic Video-Game Use in People with Autism Spectrum Disorders." *Research in Autism Spectrum Disorders* 82 (2021): 101726.

Kervin, Ryan, et al. "Behavioral Addiction and Autism Spectrum Disorder: A Systematic Review." *Research in Developmental Disabilities* 117 (2021): 104033.

致 谢

向所有老师们致敬。

首先,我要感谢我的父母乌马和达达,以及米恩纳西和普拉迪普,没有他们就不会有今天的我。我还要特别感谢阿卡什和萨乌拉布,在我与医院通话、出席会议或是写这本书的时候,是他们在帮我照顾孩子。

非常感谢卡诺亚一家、甘迪一家和帕莱克一家,他们不仅教会了我如何成为好家长,还教会了我如何做个好人。我特别感激巴,是他的祝福让我成了一名医生。

我还要感谢我在印度的导师们,他们引导我远离游戏,又引导我重新回归生活。我要感谢纳根德拉博士和普拉桑蒂的朋友们,是他们让我接触了瑜伽和冥想,同时也要感谢比哈尔瑜伽学校的老师们。

在医学领域,我首先要感谢劳拉·斯奈德曼,是她教会我热爱医学,鼓励我追随梦想。我还要感谢乔迪·辛德尔海姆,是她通过吃苹果核教会我热爱精神病学。我也永远感激保罗·萨默格拉德,是他引导我踏上成为精神科医生的旅程,还引导我在临床医学领域之外走出第一步。

我非常感谢所有指导过我的老师、上司、同事和医护人员,是他们帮助我成为一名优秀的医生。特别感谢费利西亚·史密斯和斯科特·比奇，感谢你们接纳我加入全世界最好（在我心里）的住院医师培训项目。很难找到这样一个地方，不仅能学习如何成为一名优秀的医生，还能超越单个病患的范畴思考。我尤其感激并仍然景仰特德·斯特恩、尼克·孔托斯、约翰·奎克斯和约翰·泰勒。想到"精神科医生"一词时，他们就是我的榜样和努力奋斗的目标。

我也很感激约翰·丹尼格，在别人不知道如何指导我时，他作为上司挺身而出，引导我前行。你的支持是无价的，让我成长为今天的自己。我还想感谢达山·梅塔长期以来的指导，是他促使我爱上补充与替代医学这门科学。我也很感激格雷格·弗里基奥内，他教会了我如何从头开始创造新事物。

我要感谢杰里·罗森鲍姆的指导，他教导我胸怀大志，同时也绝不可以忘记普通民众。我很感激斯科特·劳克，他发现了我的天赋究竟在哪里，并且把我引荐到教练研究所，那里是我的第二个家。我很感激罗科·伊阿努奇、希拉里·康纳里、詹妮和肯尼，他们教会了我如何理解和帮助那些与各种成瘾障碍抗争的人们。

我特别感谢汤姆·麦科伊，有了他，我才没有在尚未开始时被取消资格。我也感谢丽兹·利布森，她看到了真实的我，并告诫我要"用我的力量做好事，而非做坏事"。我把你的话铭记在心，现在我做到了！

我要大声感谢我的室友和一起奋斗的伙伴们，他们让大多数人眼里的艰苦经历变成了我热爱甚至怀念的事情。我特别感谢丹尼尔·多尼斯、朱迪·帕克特、妮科尔·本森和高里·阿拉加姆。

接下来，我要感谢我的患者们，他们让我对医学有了更加深入的理解，并且让我有机会为数不清的人提供帮助。这本书中的工具和方法都来自他们。

我还要感谢"健康玩家"社群，这个由互联网上模糊不清、形形色色的聊天者们组成的群体，可能是唯一在教给我知识方面超过了我的患者的一群人。是聊天室告诉我应该写一本书，于是才有了这本书。我知道这不是你们设想的那本，但我们得帮帮下一批年轻的聊天者和他们的父母们。我保证，下一本书一定优先满足你们的需要。我特别感谢 WVG Discord 上的朋友们，你们是真正的健康玩家，包容了我粗糙的技巧。在世界的其他地方，我可能还算是个人物，但是在你们这里，我只是个不起眼的小角色。

如果没有健康玩家公司所有出色的员工，以及我的经纪人伯德·莱维尔和丹·米拉舍夫斯基，这本书是无法完成的。非常感谢马尼·科克伦和简·弗莱明·弗兰森与我配合时的耐心（如果有下次，我保证会做得更好），他们把我那堆让人看不懂的学术废话变成了一本清晰易懂的书，这本书或许真的能帮到许多人。

最大的感谢留给家人。感谢我的爱妻克鲁蒂，我们的婚姻生活让我倍感喜悦。最后，我要感谢我在这个地球上最喜爱的两个人——维拉和阿维——你们是最好的。我爱你们。